EN BUSCA DE LA MADUREZ

J. Oswald Sanders

DEDICADOS A LA EXCELENCIA

Editorial Vida es un ministerio misionero internacional cuyo propósito es proporcionar los recursos necesarios para evangelizar con las buenas nuevas de Jesucristo, hacer discípulos y preparar para el ministerio al mayor número de personas en el menor tiempo posible.

ISBN 0-8297-1966-0
Categoría: Crecimiento cristiano

Este libro fue publicado en inglés con el título
In Pursuit of Maturity por Zondervan

© 1986 por J. Oswald Sanders

Traducido por Paul S. Stevenson

Edición en idioma español
© 1994 EDITORIAL VIDA
Deerfield, Florida 33442-8134

Reservados todos los derechos

Diseño de cubierta / fotografía por John Coté

ÍNDICE

Prólogo	5
1. En busca de la madurez	7
2. ¿Qué constituye la madurez cristiana?	15
3. La infancia excesivamente prolongada	21
4. Se puede medir la madurez	31
5. La función de la fe en la madurez	41
6. No hay madurez sin discipulado	51
7. La edad no se iguala con la madurez	61
8. La madurez en la vida de oración	69
9. La madurez mediante tentación y pruebas	81
10. Reacciones maduras a las circunstancias	91
11. El fuego del Espíritu que produce madurez	97
12. El atractivo de la madurez	107
13. Sin arado, no hay madurez	115
14. La madurez exige disciplina	123
15. La madurez de conciencia	129
16. El lugar del hábito en la madurez	135
17. La conducta cristiana madura	141
18. La ayuda del Espíritu para alcanzar la madurez	149
19. El nuevo pacto hace posible la madurez	157
20. La senilidad indebidamente prematura	165
21. Impedimentos satánicos a la madurez	175
22. El poder para la madurez	185

*A mi amada sobrina Peggy Adair,
quien con cuidado minucioso
ha mecanografiado los manuscritos
de la mayoría de mis libros*

PRÓLOGO

El apóstol Pablo resumió la meta de su ministerio en nueve palabras: "Presentar perfecto en Cristo Jesús a todo hombre" (Colosenses 1:28). A ese fin dedicó todas sus energías. La necesidad de esa madurez no es menos urgente en la era espacial, y es la responsabilidad de cada miembro del cuerpo de Cristo "[avanzar] hacia la madurez" (Hebreos 6:1, NVI).

En nuestra búsqueda de madurez, no quedamos con sólo nuestros escasos recursos propios. Tenemos no sólo el ejemplo sobresaliente y modelo de esa madurez en nuestro Señor mismo sino también el poder para lograrlo en el ministerio poderoso del Espíritu Santo. Como dice Pablo: "Somos transformados de gloria en gloria en la misma imagen, como por el Espíritu del Señor" (2 Corintios 3:18).

La madurez del que habla Pablo no se concreta sólo a la vida espiritual, sino que afecta profundamente el cuerpo, la mente y las emociones también. Nuestra madurez se ha de vivir dentro de un cuerpo. Se ha recalcado apropiadamente que no se puede realizar la plena experiencia cristiana salvo dentro de una comunidad cristiana interesada. En un día de individualismo excesivo, no se debe pasar por alto ese aspecto del proceso de maduración. La madurez no puede realizarse totalmente aparte de la gracia de Dios y del compañerismo de su pueblo.

Se ha escrito este libro con la esperanza de que pueda alentar a algunos a continuar más ardientemente su búsqueda de la madurez cristiana.

J. Oswald Sanders
Auckland, Nueva Zelanda
1984

1

EN BUSCA DE LA MADUREZ

> Avancemos hacia la madurez.
> Hebreos 6:1

Dos pastores por casualidad caminaban en direcciones opuestas en la calle principal de su ciudad. Uno andaba rápidamente y al pasar, el otro pastor le preguntó:

— ¿A dónde va con tanta prisa?

— Estoy apresurándome para llegar a la perfección — fue la respuesta.

— Bueno, si así es — dijo el otro —, mejor no lo impida, pues le queda un viaje muy, muy largo.

La mayoría de nosotros concedería la adecuación del chiste para nuestro caso, pues ¿no somos muy conscientes de que tenemos un camino muy largo por delante en nuestro esfuerzo por lograr un carácter cristiano maduro? El ejemplo de la vida perfecta de Cristo parece tan lejos de lo que hemos logrado que a veces quedamos desanimados. Sin embargo, la exhortación de Hebreos 6:1 se dirige a todos los creyentes, y conlleva una nota de optimismo. En su comentario sobre Hebreos 6:1, el obispo Westcott señala que hay tres traducciones posibles, cada una de las cuales advierte contra un peligro posible:

"Avancemos hacia la madurez" sugiere la posibilidad de que (1) pudiéramos *detenernos demasiado pronto*, creyendo que hemos llegado. Pablo contradijo esa complacencia cuando escribió: "No que lo haya alcanzado ya, ni que ya sea perfecto... prosigo a la meta" (Filipenses 3:12,14). (2) "Avancemos" sugiere que podemos sucumbir al *peligro del desánimo* y darnos por vencidos. No, más bien hemos de escuchar la advertencia y "seguir avanzando hacia la madurez", como indica el tiempo del verbo. (3) "Seamos llevados" advierte contra el peligro de *pensar que se nos ha dejado para hacerlo solos*. En la búsqueda de madurez tenemos la completa cooperación del Dios trino y uno. Se necesita cada una de estas tres traducciones posibles para comunicar la riqueza e importancia de estas cuantas palabras.[1]

De una manera muy franca y reveladora, Lane Adams describe su búsqueda de madurez:

> En esta lucha por lograr la madurez, con frecuencia yo buscaba el consejo de otros mediante la lectura de libros y la interrogación indirecta de hombres a quienes admiraba. Aunque nunca admití los detalles específicos, anhelaba saber más sobre lo que traía madurez en la vida cristiana, porque se me hacía evidente que no lo tenía. (¡Cuán duro me resultaba reconocer eso y admitirlo a mí mismo!)
>
> Había un acuerdo general sobre lo que traía madurez: el estudio diario, serio y a fondo de la Biblia; una relación viva con Dios en la oración; el dar testimonio con regularidad de la fe en Cristo; la participación en la iglesia local y otras formas de servicio a la humanidad cuando se presentaban las oportunidades. Todo eso yo había hecho por varios años. ¿Por qué no eran mayores los resultados?
>
> No recibí ayuda alguna de otros. Las respuestas variaban desde una concepción de conversión que presuponía que la madurez llegaba de la noche a la mañana, a una muy franca "No sé."[2]

Esa experiencia conmovedora de un sincero buscador de la madurez no es infrecuente, y sin embargo no tiene que ser así. En el manifiesto de su reino, nuestro Señor dio esta promesa resonante: "Bienaventurados los que tienen hambre y sed de justicia, porque ellos serán saciados" (Mateo 5:6). Una creciente madurez espiritual es una meta alcanzable, no un espejismo

---

[1] Citado en W. H. Griffith Thomas, *Let Us Go On* (Chicago: B.I.C.A.), p. 73.
[2] Lane Adams, *How Come It's Taking Me So Long to Get Better?* (Wheaton, Illinois: Tyndale House Publishers, Inc., 1981), p. 19.

que constantemente retrocede. En la exposición de Pablo del propósito que tenía al proclamar a Cristo, puso en claro que su objetivo era más que el evangelismo: "A él anunciamos, exhortando y enseñando a todos con toda sabiduría, *a fin de presentarlos a todos perfectos [maduros] en Cristo*" (Colosenses 1:28, NVI, cursivas añadidas). Persiguió su objetivo con intensidad, pues agregó: "Con este fin trabajo, luchando con la fuerza de Cristo que obra con poder en mí" (Colosenses 1:29, NVI).

En otra carta Pablo elucidó más la norma de madurez que sostenía ante los cristianos efesios. Oraba pidiendo que ellos pudieran "[llegar] a la unidad de la fe y del conocimiento del Hijo de Dios, a un varón perfecto, *a la medida de la estatura de la plenitud de Cristo*" (Efesios 4:13, cursivas añadidas). Fue para este fin que Cristo dio a su iglesia los hombres espiritualmente talentosos a quienes se refirió en Efesios 4:11-12.

El intento de alcanzar la madurez es un proceso dinámico que continúa durante toda la vida. La vida cristiana no es una carrera de cien metros, sino un maratón que probará nuestro aguante espiritual hasta no más poder. No hay tal cosa como madurez instantánea o santidad instantánea.

> Que nadie piense que de repente
> todo se logra y se termina todo el trabajo,
> aunque en tu primer amanecer comiences,
> pues apenas llega a su fin al ponerse el sol.
>
> F. W. H. Myers, "St. Paul" [San Pablo]

El madurar es un proceso lento. Se logra sólo con dificultad física, mental y espiritual. Es un proceso que nunca termina, pero puede ser acelerado por la obediencia a las leyes espirituales establecidas en la Biblia. Eso nos debiera salvar del desánimo. Como dijo una vez Henry Ward Beecher: "La Iglesia no es una galería para la exposición de cristianos eminentes, sino una escuela para la educación de los imperfectos."

Un proverbio chino dice: "Si trabajas por un año, siembra arroz. Si trabajas por un siglo, siembra un árbol. Si trabajas por la eternidad, siembra un hombre."

Cuando Dios desarrolla una vida para la eternidad, no tiene prisa. Una calabaza madura en tres meses, pero un roble toma una siglo, y no hay atajos. Este principio de crecimiento es igualmente aplicable en el reino espiritual. Clemente de Roma lo aplicó así hace muchos siglos:

> El proceso de crecimiento del árbol es lento pero inevitable. El follaje se cae después de la cosecha, pero entonces en la primavera un brote aparece, y luego flores. Éstas a su vez dan lugar a uvas inmaduras y finalmente al racimo lleno. No toma mucho tiempo, es cierto, pero debe tener lugar el proceso completo. No se puede omitir ninguna etapa. No hay atajos a una cosecha de fruta madura y buena.
>
> Tampoco se pueden apresurar los propósitos de Dios. No se puede omitir ninguna etapa. Debe tener lugar el proceso completo. Pero no tengamos ninguna duda de que se cumplirán sus promesas.[1]

En la Biblia se enseña e ilustra frecuentemente el principio de crecimiento en la madurez espiritual. Jesús trazó un paralelo con la cosecha de trigo: "Primero hierba, luego espiga, después grano lleno en la espiga" (Marcos 4:28). Juan reconoció ese principio en su primera carta cuando escribió: "Os escribo a vosotros, hijitos... Os escribo a vosotros, padres... Os escribo a vosotros, jóvenes" (1 Juan 2:12,13).

En la vida humana hay tres etapas de madurez. La primera es *la niñez dependiente,* cuando el bebé tiene que confiar en otros para casi todo. El niño no toma ninguna decisión y necesita cuidado constante. La segunda etapa de madurez es *la adolescencia independiente,* cuando el niño en crecimiento comienza a tener conciencia de su personalidad y exige el derecho de tomar sus propias decisiones. El niño ya no está contento con depender de otros, sino que se siente competente para escoger su propio destino. Por último, la persona llega a *la mayoría de edad y continúa en el proceso de madurez intelectual.* Las facultades de la persona están desarrolladas, y es

---

[1] David Winter, *Faith Under Fire* (Wheaton, Illinois: Harold Shaw Publishers, 1983), p. 14.

ahora una persona responsable por derecho propio. La persona ha logrado la condición adulta y acepta completa responsabilidad de sus propias acciones y vida.

Se ve una progresión similar en nuestro crecimiento en la madurez cristiana. La vida nueva que entra en el momento de conversión es la vida de bebé. "Desead, como niños recién nacidos, la leche espiritual no adulterada, para que por ella crezcáis para salvación" (1 Pedro 2:2). La vida embrionaria en el creyente nuevo es frágil y requiere cuidado amoroso en la etapa dependiente. Hace falta una madre lactante siempre que el niño que beba sólo leche. Paulatinamente el niño progresará al alimento sólido mientras se acerca a la adolescencia.

Después viene la etapa adolescente independiente cuando el creyente joven se ha acostumbrado a su fe y se siente impaciente con las restricciones. La adolescencia espiritual, como la física, es a veces un período más bien tempestuoso. Se desafía la santidad de los métodos e instituciones viejas. Se duda de la sabiduría de los mayores y el joven comienza a independizarse. Con tal que se mantenga dentro de límites, este es un desarrollo normal, pero es necesario poner la vida bajo el señorío de Cristo y el control del Espíritu Santo si se ha de lograr completa madurez espiritual.

La tercera etapa es la de la madurez progresiva. Se ha llegado a la mayoría de edad, pero hay posibilidades interminables para crecimiento. Debemos crecer en Cristo "en todo"; cada parte de la vida ha de encontrar su centro y meta en Él.

Al comentar sobre la exhortación de Pablo a "[crecer] en todo en aquel que es la cabeza" (Efesios 4:15), Ronald Knox señala que la cabeza de un bebé es muy grande en proporción con el resto del cuerpo. Pero al desarrollarse el cuerpo, crece en la proporción correcta con la cabeza. En tanto que el creyente maduro llega a asemejarse más a la Cabeza, se mueve progresivamente hacia "la medida de la estatura de la plenitud de Cristo" (Efesios 4:13).

Uno no debe estancarse en su búsqueda de madurez. Oliver Cromwell inscribió en su Biblia un lema significativo: "El que deja de ser mejor, deja de ser bueno."

Que yo siempre, pues, esté creciendo;
nunca deteniéndome;
escuchando, aprendiendo, conociéndote mejor
y conociendo tu bendita voluntad.

Anónimo

Lleva tiempo alcanzar la madurez espiritual, pero el tiempo en sí no es garantía de crecimiento. Como se ha señalado, la madurez a veces excede el tiempo. ¿No comentamos a veces acerca de algún niño: "Es maduro para su edad"? O de otro: "¿Nunca va a crecer?" La madurez, ya sea física o espiritual, no progresa siempre a un paso constante, y eso es especialmente cierto en la etapa adolescente. La madurez es el producto natural del proceso de crecimiento del alma, y es orgánico, no mecánico.

"No es el tiempo en sí lo que produce la madurez — escribe Charles C. Ryrie —. Más bien, son de suma importancia el progreso hecho y el crecimiento logrado. El ritmo multiplicado por el tiempo iguala distancia, así que la distancia a la madurez puede cubrirse en un tiempo más breve si se acelera el ritmo de crecimiento; y se acelerará si el yo no retiene nada del control que se debe dar al Espíritu Santo."[1]

Todo crecimiento es progresivo, y cuanto más complejo y delicado el organismo, tanto más tiempo tomará para alcanzar la madurez. Pero se debe decir que uno es maduro no sólo después de cierto lapso de tiempo, sino después de obedecer las leyes esenciales del crecimiento espiritual. Se determina el crecimiento físico por la observancia de las leyes de alimentación y salud. El crecimiento espiritual es espontáneo cuando el alma se alimenta consecuentemente de la Palabra, cuando respira el aire puro de la oración, y cuando cultiva el compañerismo con el pueblo de Dios. Por otra parte, nuestro crecimiento puede ser impedido si dejamos de proporcionar condiciones espirituales agradables.

Si hemos de ejercer un ministerio espiritual influyente, crecerá del suelo de una vida devocional que se guarda fielmente.

---

1 Charles C. Ryrie, *Balancing the Christian Life* (Chicago: Moody Press, 1969), p. 13.

¡Gracias a Dios! ¡Un hombre puede crecer!
No tiene,
con los ojos que ven sólo el suelo,
que arrastrarse por él;
aunque su comienzo sea humilde,
¡gracias a Dios, puede crecer!

C. Cowman

2

¿QUÉ CONSTITUYE LA MADUREZ CRISTIANA?

> A él anunciamos, exhortando y enseñando a todos con toda sabiduría, a fin de presentarlos a todos perfectos en Cristo. Con este fin trabajo, luchando con la fuerza de Cristo que obra con poder en mí.
>
> Colosenses 1:28-29 (NVI)

> Les manda saludos Epafras, que es uno de ustedes y siervo de Cristo Jesús. Él siempre está luchando por ustedes en oración, para que se mantengan firmes, como hombres maduros y completamente seguros en toda la voluntad de Dios.
>
> Colosenses 4:12 (NVI)

Ayudará a aclarar la situación si consideramos primero varios factores que no constituyen la madurez cristiana. Un estudio de los versículos bíblicos pertinentes dará a conocer estos hechos.

En primer lugar, la madurez cristiana no es un proceso de envejecimiento. Las canas y la madurez espiritual no van necesariamente de la mano. No debiéramos concluir que, por el simple hecho de que estamos envejeciendo, necesariamente estamos progresando en la madurez. Las canas pueden encubrir una persona cuyas reacciones a las personas y las circunstancias son todo menos maduras. Se ha dicho que es la *intensidad* de los años y no su *extensión* lo que constituye una medida confiable de madurez, pues la madurez es una actitud de vida. Son nuestras actitudes, no nuestras arterias, lo que determina la calidad de nuestra vida. Nuestra edad está más allá de nuestro control, pero sea ésta cual sea, nuestras actitudes pueden ser cambiadas por el poder de la gracia y un propósito santo.

El crecimiento espiritual no se mide por el calendario, y puede continuar hasta la hora de la muerte o el arrebatamiento si estamos dispuestos a cumplir con las leyes que gobiernan el crecimiento.

La madurez espiritual no es instantánea y final. Si fuera así, ¿cuál sería el propósito de la exhortación en Hebreos 6:1: "Avancemos hacia la madurez" (o, captando el sentido correcto del verbo, "sigamos progresando hacia la madurez")? La tendencia de todas las Escrituras se opone a la idea de que un acto supremo de decisión nos asegura en forma permanente todas las bendiciones de la santificación.

Ningún ser viviente llega a la madurez instantáneamente. En la obtención de la madurez intelectual, no hay alternativa a que el estudiante atraviese a fuerza de trabajo las asignaturas. No es nada diferente en la vida espiritual. El crecimiento hacia la madurez espiritual necesariamente implicará esfuerzo moral, disciplina, abnegación, y perseverancia en la búsqueda de la meta. No hay atajos.

La madurez espiritual no es un resultado automático de la maestría de enseñanzas bíblicas. Por supuesto ese es un elemento esencial en lograr la madurez, pero en sí no puede producir la madurez. La acumulación de información bíblica es de un valor inmenso, pero sólo mediante la obediencia diaria a los principios bíblicos es posible avanzar en el crecimiento espiritual. El estudio bíblico puede ser un ejercicio en su mayor parte intelectual que deja la vida sin cambiar.

Hay necesariamente un componente intelectual en esta búsqueda, pero es provechoso sólo si resulta en más semejanza a Cristo. Se requiere un sincero esfuerzo moral en dependencia del Espíritu Santo.

La madurez espiritual no es la mera posesión de dones espirituales. El cristiano en proceso de madurar tendrá los dones espirituales que el Espíritu Santo soberanamente lo haya dotado (véase 1 Corintios 12:11), pero éstos en sí no son la medida de la madurez espiritual. El caso de la iglesia de Corinto confirma eso. Hablando de ellos, Pablo afirmó: "No les falta ningún don espiritual" (1 Corintios 1:7, NVI). Sin embargo, poco después dice de ellos: "Hermanos, no pude dirigirme a ustedes como si fueran espirituales sino como mundanos, apenas niños en Cristo. Les di leche, no alimento sólido, porque no tenían la capacidad de digerirlo. En realidad, ni siquiera pueden digerirlo ahora. Ustedes todavía son mundanos" (1 Corintios 3:1-3a, NVI).

Esos dones espirituales son valiosos, pero sólo si se usan en amor y sólo mientras den por resultado la unidad y la edificación de la iglesia. El verdadero indicador de la madurez cristiana no es la posesión de dones del Espíritu, sino la producción del fruto del Espíritu (véase Gálatas 5:22-23). Lamentablemente, es cierto que no todos los creyentes dotados de dones actúan y reaccionan de manera madura.

La actividad del Espíritu Santo en el creyente de producir crecimiento progresivo y manifiesto siempre será prueba irrecusable de que es hijo de Dios. Tal vez sea posible imitar los dones del Espíritu en el contexto de una cultura local, pero la cualidad divina de vida moral llamado "el fruto del Espíritu" — su dirección dada por el Espíritu, su victoria sobre la carne — es la única prueba válida de que uno es hijo de Dios.

La madurez espiritual no consiste en imitar a Cristo. *Imitación de Cristo* por Tomás de Kempis no aboga por una imitación autogenerada de Cristo. La madurez espiritual es más bien lo que dijo Pablo en 1 Corintios 11:1: "Sed imitadores de mí, así como yo de Cristo." Nadie puede vivir de acuerdo con el Sermón del monte, por ejemplo, si no experimenta primero el nuevo nacimiento y lo vive bajo el control del Espíritu Santo. Los pasos del Maestro son demasiado majestuosos para que lo sigan personas que carecen de ayuda o regeneración.

Lo que es la madurez cristiana

Antes de considerar cómo progresar en la madurez espiritual, hay que definir varios términos. La palabra que con frecuencia se traduce "perfecto" en la Biblia se traduce a menudo y correctamente como "maduro" en versiones más recientes. Se define la palabra castellana "madurez" como "estado de desarrollo pleno".

La palabra griega que emplea Pablo, *teleios*, tiene un significado técnico especial. Quiere decir "un fin, una meta, un límite", y combina dos ideas: en primer lugar, el desarrollo pleno de los poderes propios; y en segundo lugar, el logro de alguna meta o norma: la realización del fin apropiado de la existencia de uno. Así que nuestra palabra "maduro" ha llegado a significar completo o completamente crecido, e implica madurez de carácter y experiencia. Se dice del desarrollo pleno de la edad adulta a diferencia de la inmadurez de la niñez.

Filón dividía a sus estudiantes en tres categorías: principiantes, los que hacían progresos, y los que ya comenzaban a alcanzar la madurez: clasificaciones no muy diferentes de las de Juan, que escribía a "hijitos", "jóvenes" y "padres".

Se emplea la palabra "perfecto" o "maduro" en un sentido absoluto al hablar de nuestro Señor, pues durante su vida en la tierra todos sus poderes llegaron a un estado de desarrollo pleno. Cumplió completamente la voluntad de su Padre y alcanzó la norma de perfección implicada en la voluntad de su Padre. También obtuvo la meta por la cual vino a la tierra: la redención de los seres humanos perdidos.

Cuando se emplea la palabra "maduro" al hablar de nosotros, sin embargo, no es absoluta sino relativa; es como comparar a un niño con un adulto. La palabra "perfecto" en el libro de Hebreos no ofrece la promesa de perfección moral en la tierra. Si se pudiera lograr eso, ¿cómo podríamos "[avanzar] hacia la madurez"? Se ha señalado que la perfección siempre tiene otra cumbre, pero como dijo el poeta Coleridge: "Más allá de lo que se halla en Cristo, el género humano no ha avanzado y no avanzará."

Para los gnósticos "perfecto" era una palabra favorita, empleada con frecuencia. La usaban para describir a uno que ya no era novicio, sino que había madurado, estaba completamente iniciado, y había dominado los secretos de su propia religión mística. Pero como dice Marvin Vincent, en Cristo cada creyente es *teleios*: completamente iniciado en los misterios más profundos del evangelio cristiano. Según Pablo empleaba el término, significaba "maduro y completo en Cristo".

Considerado desde otro punto de vista, la madurez espiritual es simplemente *semejanza a Cristo*. Nuestro grado de madurez equivale a nuestro grado de semejanza a Cristo, y nada más. Él fue el único hombre completamente maduro. Su carácter era completo, bien equilibrado y perfectamente integrado. Todas sus cualidades y capacidades estaban perfectamente armonizadas con la voluntad de su Padre, y este es el modelo, la norma que Dios ha puesto para nosotros:

> Y él mismo constituyó a unos, apóstoles; a otros, profetas; a otros, evangelistas; a otros, pastores y maestros, a fin de perfeccionar a los santos para la obra del ministerio, para la edificación del cuerpo de Cristo, hasta que todos lleguemos a la unidad de la fe y del conocimiento del Hijo de Dios, *a un varón perfecto, a la medida de la estatura de la plenitud de Cristo.*
> Efesios 4:11-13, cursivas añadidas

La meta suprema de la iglesia no es evangelismo, por muy importante e indispensable que es ese ministerio. La meta final la declara Pablo al escribir: "A él anunciamos, exhortando y enseñando a todos con sabiduría, *a fin de presentarlos a todos perfectos [maduros] en Cristo*" (Colosenses 1:28, NVI, cursivas añadidas). El propósito de Dios es producir discípulos que reflejen la perfecta humanidad de su Hijo, personas que puedan reaccionar a las exigencias y las pruebas de la vida de una manera adulta y no infantil: situaciones adultas con reacciones adultas. En resumen, el propósito de Dios es producir personas que realicen su humanidad y lleguen a ser lo que Dios diseñó para ellas.

Surgen naturalmente las preguntas: "¿Pueden los cristianos alcanzar la madurez perfecta en esta vida? ¿Qué grado de madurez se puede esperar?"

En su comentario, William Hendriksen dice: "En la vida actual se puede lograr un alto grado de madurez, pero no se puede realizar la madurez completa antes de llegar al cielo. En el cielo seremos perfectamente libres de pecado y obedientes."[1]

---

[1] William Hendriksen, *New Testament Commentary: Exposition of Ephesians* (Grand Rapids, Michigan: Baker Book House, 1967), p. 200.

Esa declaración está en armonía con todo el tenor de las Escrituras:

> Nosotros todos, mirando a cara descubierta como en un espejo la gloria del Señor, somos transformados *de gloria en gloria* en la misma imagen, como por el Espíritu del Señor.
>
> 2 Corintios 3:18, cursivas añadidas

> Creced en la gracia y el conocimiento de nuestro Señor y Salvador Jesucristo.
>
> 2 Pedro 3:18

La madurez no es un fin que hayamos alcanzado. Debemos seguir creciendo y avanzando. "Ninguno de nosotros ha alcanzado todavía la perfección. Así que venga, participe plenamente en nuestras reuniones y debates, los cuales tienen como fin ayudarnos a todos a avanzar hacia la madurez. No se mantenga a distancia como si ya lo supiera todo."[1]

Ese trozo citado de *La Epístola de Bernabé* nos da un vislumbre del pensamiento de uno de los padres de la iglesia primitiva. Como la madurez está relacionada con un Dios infinito, nuestra madurez nunca será absoluta sino sólo relativa. Es una meta que no se puede alcanzar en esta vida, pero puede ser un proceso dinámico que incluye progreso constante.

Para el cristiano, la madurez espiritual implica una transformación final en la semejanza de Cristo, y eso se consumará en su segundo advenimiento.

> Amados, ahora somos hijos de Dios, y aún no se ha manifestado lo que hemos de ser; pero sabemos que cuando él se manifieste, seremos semejantes a él, porque le veremos tal como él es. Y todo aquel que tiene esta esperanza en él, se purifica a sí mismo, así como él es puro.
>
> 1 Juan 3:2-3

---

1 Citado en David Winter, *Faith Under Fire* (Wheaton, Illinois: Harold Shaw Publishers, 1977), p. 85.

3

LA INFANCIA EXCESIVAMENTE PROLONGADA

De manera que yo, hermanos, no pude hablaros como a espirituales, sino como a carnales, como a niños en Cristo. Os di a beber leche, y no vianda; porque aún no erais capaces, ni sois capaces todavía.

1 Corintios 3:1-2

Hasta que todos lleguemos... a un varón perfecto, a la medida de la estatura de la plenitud de Cristo; para que ya no seamos niños... llevados por doquiera de todo viento de doctrina.

Efesios 4:13-14

Y todo aquel que participa de la leche es inexperto en la palabra de justicia, porque es niño; pero el alimento sólido es para los que han alcanzado madurez.

Hebreos 5:13-14

Si yo tuviera que señalar la necesidad más urgente de nuestra era, diría sin vacilar: la madurez." Esas palabras de un predicador del pasado no son menos pertinentes en el mundo de maravillas de la era espacial. Casi parece que a medida que avanzan la tecnología y el conocimiento, la madurez retrocede.

El bajo nivel de vida espiritual en la iglesia de Corinto ocasionó angustia profunda para Pablo. Su problema subyacente no era ni herejía ni apostasía sino la mundanalidad y la inmadurez espiritual. Tomando en cuenta el tiempo que habían poseído la verdad, debían haber sido cristianos maduros. Sin embargo, para su consternación Pablo descubrió que todavía estaban plagados de carnalidad. Como iglesia se les había dotado no sólo de bendiciones espirituales sino también de todo don espiritual. "No les falta ningún don espiritual", les dijo (1 Corintios 1:7, NVI).

Los creyentes corintios parecen haber tenido una predilección por lo espectacular y extravagante, pero dejaban de demostrar una madurez equivalente a sus dones y pretensiones. Hacían hincapié en el ejercicio de los dones del Espíritu, pero eran lamentablemente deficientes en el fruto del Espíritu. Por consiguiente el apóstol tuvo que decirles: "De manera que yo, hermanos, no pude hablaros como a espirituales, sino como a carnales, como a niños en Cristo" (1 Corintios 3:1). De alguna manera se había detenido su crecimiento espiritual, y se había prolongado excesivamente su legítima infancia espiritual.

Este problema no se limita de ninguna manera a la iglesia primitiva; es una dificultad importante en muchas iglesias actuales. Hay demasiados adultos con mentalidad infantil en nuestras iglesias.

Si el pastor se atreve a emprender la enseñanza de algunas de las verdades más profundas de las Escrituras, una sección de su congregación se quejará de que está predicando por encima de sus cabezas. Así que está entre la espada y la pared. Si sigue alimentándolos con poco más que la leche de la Palabra, deja atrás la sección más madura de su congregación, mientras que los demás siguen siendo niños espirituales.

Pablo explicó el objetivo final de la predicación en un versículo sumamente importante que compendia la meta del ministerio de la Palabra: "A él anunciamos, exhortando y enseñando a todos con toda sabiduría, *a fin de presentarlos a todos perfectos [maduros] en Cristo*. Con este fin trabajo, luchando con la fuerza de Cristo que obra con poder en mí" (Colosenses 1:28, NVI, cursivas añadidas). Será el propósito del pastor sabio impartir enseñanza que sea pertinente a personas en todas las etapas de desarrollo espiritual, y esa no es una tarea fácil.

Una infancia espiritual legítima

La vida nueva entra en el cristiano nuevo en forma embrionaria, y debe crecer y desarrollar de la misma manera que un bebé. Para que tenga lugar este desarrollo deseable, se deben proporcionar condiciones favorables para el crecimiento espiritual. Esa es la responsabilidad del que ayuda al recién convertido en los primeros pasos de la vida cristiana. Se deben proporcionar el ambiente y la alimentación en el compañerismo de la iglesia local.

A menudo sin intención desanimamos a cristianos jóvenes acariciando expectativas poco realistas. Toda madre espera que su bebé se porte y reaccione como bebé. No espera conducta adulta. De igual manera debemos ser comprensivos y compasivos con las caídas y luchas tempranas de un niño espiritual. En la profecía de Oseas, se muestra a Dios actuando de esa manera: "Yo... enseñaba a andar al mismo Efraín, tomándole de los brazos" (Os 11:3).

Dentro de los límites correctos, la infancia es mágica, pero cuando se prolonga excesivamente, se vuelve trágica. Es maravilloso ser bebé, pero es desastroso permanecer así. Es a creyentes en esta condición a quienes Pablo se refiere en los pasajes al principio de este capítulo.

En la memorable migración de Israel de la esclavitud de Egipto a la libertad de Canaán, se nos da una ilustración divinamente autorizada que resulta muy contemporánea. Al referirse a este viaje, Pablo escribió: "Mas estas cosas sucedieron como ejemplos para nosotros, para que no codiciemos cosas malas, como ellos codiciaron... *Y estas cosas les acontecieron como ejemplo, y están escritas para amonestarnos a nosotros, a quienes han alcanzado los fines de los siglos*" (1 Corintios 10:6,11, cursivas añadidas). Así que tenemos justificación bíblica para sacar lecciones espirituales de la historia de Israel.

Una infancia ilegítima

Una vez que los israelitas cruzaron el milagrosamente dividido mar Rojo, el viaje a Canaán normalmente llevaba sólo once días (Deuteronomio 1:2). Por motivos sabios, sin embargo, Dios los dirigió a tomar una ruta que alargó su viaje por varios meses. Eso les dio tiempo para adaptarse a su nuevo papel como un pueblo libre.

Para llegar a Canaán, los israelitas tuvieron que atravesar el desierto, y durante todo el viaje anduvieron en obediencia a la voluntad de Dios. Esta parte de su expedición fue dirigida por Dios y por lo tanto legítima.

Pero ya cuando llegaron a Cades-barnea, cambió la situación. Se rebelaron contra Dios y sus líderes menospreciando la tierra prometida y negándose a entrar en ella. Eso quiso decir que el resto de su vagar en el desierto fue contrario a la voluntad de Dios y por lo tanto ilegítimo. Los resultados fueron desastrosos.

La experiencia de Israel se duplica en la vida de cristianos mundanos que no siguen hasta llegar a la madurez. En una palabra, el problema de Pablo con la iglesia de Corinto fue la mundanalidad. Sus actitudes y reacciones fueron mundanas y no espirituales. Estaban fascinados por los dones espirituales más extravagantes, mientras que al mismo tiempo toleraban graves abusos y pecado abierto en medio de sí, y permitían que siguieran desenfrenados. La envidia, las contiendas, un espíritu partidario, división, inmoralidad, pleitos entre creyentes, y desorden en la mesa del Señor fueron evidencias de su condición carnal. Eran "carnales", controlados no por el Espíritu, sino por la vida egoísta. Su inmadurez espiritual se manifestaba en sus reacciones así como en sus acciones.

Nuestras *acciones* no revelan necesariamente nuestra verdadera motivación, pues pueden ser superficiales y hasta hipócritas. Nuestras *reacciones* a lo inesperado, cuando hemos tenido poco tiempo para prepararnos de antemano, revelan mucho más y es más probable que sean indicadores precisos. La inmadurez espiritual es más visible en nuestras reacciones improvisadas e inconscientes.

Diagnóstico de la inmadurez espiritual

La condición de la iglesia de Corinto ilustra algunos de los rasgos de personas que han dejado de avanzar hacia la madurez.

Crecimiento detenido

Los corintios habían dejado de crecer y estaban estancados en su experiencia cristiana: "niños en Cristo", enanos espirituales. La causa principal de su condición enana fue su digestión endeble. Podían asimilar sólo la leche de la Palabra de Dios. Tanto la leche como la carne son provisiones divinas, pero son propias de diferentes etapas de la vida cristiana. La leche es elemento idóneo para el bebé, pero "alimento sólido es para los maduros".

La leche es comida predigerida que el bebé recibe de segunda mano de su madre, y al bebé le aprovecha. Pero llega el momento en que hay que destetar al niño y darle alimento sólido. El creyente espiritualmente inmaduro es uno que no ha sido destetado de la "leche" — las verdades elementales de la Palabra de Dios —, sino que todavía en gran parte depende para su sustento espiritual del resultado del ejercicio del corazón de otro y del estudio de las Escrituras hecho por éste. El creyente inmaduro nunca ha aprendido el arte de sacar nutrición espiritual directamente de su propio estudio de la Biblia y de la oración. El niño espiritual tiene poca capacidad de digerir el sencillo estudio bíblico y anhela condimentos para sazonarlo.

Desafortunadamente, con demasiada frecuencia se hace concesiones a este anhelo, con el resultado de que la persona espiritualmente inmadura nunca progresa más allá de una experiencia cristiana de segunda mano. El niño espiritual no puede pararse sobre sus propios pies, pero no está dispuesto a pagar el precio de estudio bíblico serio a fin de conocer de primera mano a Dios y su Palabra.

Es posible que aun un cristiano inmaduro crezca rápidamente una vez que se forme tal propósito y tenga motivación lo bastante fuerte. La princesa Diana de Gran Bretaña confesó que tuvo que madurar rápidamente para hacer frente a las presiones impuestas por su nuevo papel de esposa del heredero del trono británico. "He aprendido mucho en los últimos meses — dijo —. He madurado mucho recientemente y me he acostumbrado a hacer frente a las cosas."[1] La motivación causó el rápido crecimiento en la madurez. Un cambio parecido debe tener lugar en la vida de la persona cuya infancia se ha prolongado excesivamente.

---

1 Periódico *New Zealand Herald*, 29 junio 1981.

Inestabilidad emocional

La inestabilidad es un rasgo común tanto al niño como al cristiano inmaduro. Pablo describe personas en la etapa infantil como: "fluctuantes, llevados por doquiera de todo viento de doctrina" (Efesios 4:14). El creyente inmaduro nunca llega a tener convicciones personales tan fuertes que esté dispuesto a sufrir por ellas.

La persona espiritualmente inmadura tiende a vivir en el reino de las emociones inconstantes, y éstas pueden ser tanto caprichosas como tiránicas. En vez de ser motivado por los principios espirituales enunciados en las Sagradas Escrituras, al niño espiritual le impresionan sentimientos pasajeros. Al afrontar una decisión, la pregunta no es: "¿Agradará esto a Dios?" sino "¿Me agrada esto?" Las acciones de la persona son guiadas más por cómo se siente al respecto que por lo que es correcto hacer. La persona espiritualmente inmadura es esclava de los sentimientos y por tanto carece de estabilidad emocional. El niño espiritual debe vivir más en la esfera de la voluntad, pues somos lo que escogemos, no lo que sentimos.

Antes de la experiencia transformadora de Pedro en el día de Pentecostés, él era un ejemplo típico de esta inestabilidad emocional. Un momento caminaba sobre el agua, y el próximo instante se hundía debajo de las olas. Primero hizo su gloriosa confesión de la deidad de Cristo, y poco después el Maestro tuvo que reprenderlo por su precipitada declaración inspirada por Satanás. Pedro prometió sinceramente dar su vida por su Señor, pero poco después negó a Cristo tres veces.

Después de Pentecostés, sin embargo, todo eso cambió. Desaparecieron los rasgos de la inmadurez espiritual, y se convirtió en Pedro la roca; ya no era volátil sino el líder estable y fuerte del grupo de apóstoles.

Conflictividad

La mayoría de los niños son muy delicados, y es muy fácil herirles los sentimientos. Tienen gustos y disgustos muy fuertes, y tienden a ser pendencieros. Estas eran cualidades que salían a la superficie en la iglesia de Corinto. "Ustedes todavía son mundanos. Mientras haya entre ustedes celos y contiendas,

¿no son mundanos? ¿Acaso no se están portando simplemente como hombres?" (1 Corintios 3:3, NVI).

Se habían dividido en partidos y camarillas en torno a sus líderes en vez de estar unidos alrededor de Cristo. "Cuando uno afirma: 'Yo sigo a Pablo', y otro: 'Yo sigo a Apolos', ¿acaso no son nada más que hombres?" (1 Corintios 3:4, NVI).

Por muy competente que sea la persona espiritualmente inmadura en el campo académico o en los negocios, es por lo general esta persona la que participa en la política y en cabildeos eclesiásticos contenciosos. El creyente inmaduro reñirá por cuestiones de poca envergadura o por prácticas y procedimientos mientras asuntos espirituales muy importantes necesitan atención urgente.

Siempre es la estrategia de Satanás polarizar y dividir a creyentes e iglesias, y por lo general es el creyente inmaduro a quien alista como su agente. La persona inmadura crea problemas; la persona madura los resuelve.

Mentalidad mundana

"¿No son mundanos? — preguntó Pablo —. ¿Acaso no se están portando simplemente como hombres?" En otras palabras, no había nada en su conducta que los distinguiera de los demás o los identificara como discípulos de Cristo. Parecían estar viviendo al mismo nivel que los que estaban a su alrededor, ajustándose a las mismas normas, animados por los mismos motivos, dominados por los mismos deseos. Estaban casados con Cristo, pero coqueteaban con el mundo. Estaban casados con Él pero no satisfechos con Él.

Insensibilidad al mal

La incapacidad de discernir entre el bien y el mal es otra característica de la inmadurez. El cristiano maduro es uno que "por el uso tiene los sentidos ejercitados en el discernimiento del bien y del mal", es decir, por consulta constante con la Palabra de Dios y obediencia a sus preceptos.

El lema de la persona inmadura en cuanto a cosas dudosas es: "¿Qué daño pudiera hacer?" El cristiano maduro preguntará más bien: "¿Qué bien pudiera hacer?" La persona mundana no ve ningún mal en cosas dudosas y por lo general actúa según el deseo más bien que por principio. Como las Escrituras no prohíben específicamente la cosa que desea el creyente inmaduro, es probable que participe en prácticas discutibles. Esta falta de sensibilidad al mal hace del niño espiritual víctima fácil de la permisividad que satura la sociedad actual.

Egoísmo

De la misma manera que un niño es egoísta, así también lo es un creyente inmaduro. El énfasis actual en amarse a sí mismo suena algo raro comparado con el énfasis de nuestro Señor en negarse a sí mismo. El énfasis en amarse a sí mismo tiende a ser simplemente otra manifestación de la infancia espiritual. La persona madura se olvida a sí mismo y gasta su amor en los demás. La oración del cristiano maduro es:

> Más alto que el cielo, más alto;
> más profundo que el mar, más profundo,
> Señor, tu amor por fin ha vencido;
> concédeme ahora la petición de mi corazón:
> Nada del yo y todo tuyo.
>
> Theodore Monod,
"None of Self" [Nada del yo]

Se cuenta la historia de que cuando Mahmud, con sus ejércitos siempre victoriosos, sitió a Guzurat en la India, se abrió paso a la fuerza en el santuario más costoso de los brahmanes. Se postraron ante él y ofrecieron un rescate inmenso si sólo perdonaría a su dios, pues, afirmaron, las fortunas de su ciudad dependían de él.

Después de un silencio, Mahmud respondió que preferiría conocerse como rompedor de ídolos y no vendedor de ellos, y golpeó la imagen con su hacha de combate. Resultó ser hueco; lo habían usado como recipiente para miles de joyas preciosas que, en el momento de romper la imagen, llovieron sobre los pies del conquistador.

Tal ídolo es el yo. De haber Mahmud perdonado el ídolo, habría sacrificado riquezas incontables. Perdonar el yo significa miseria espiritual. Si entregamos el ídolo del yo a destrucción absoluta a manos de Cristo, lloverá sobre nosotros enriquecimiento espiritual más allá de nuestros poderes de imaginación.

Pero ¿cómo se puede expulsar a este tirano — el yo — del trono que ha usurpado? Somos impotentes para hacerlo nosotros mismos, pues el yo no puede destronar al yo. Se ilustra una manera más excelente en la historia de un usurpador en el Antiguo Testamento, según se relata en 1 Reyes 1:5-38.

¿Cómo se destronó a Adonías, el usurpador de la corona de Salomón? Mediante la entronización de Salomón, lo que automáticamente logró el destronamiento de Adonías. Así que la entronización de Cristo en el corazón logra el destronamiento del yo, pues dos no pueden ocupar el trono al mismo tiempo.

"Niéguese a sí mismo", fue el mandato de nuestro Señor a sus oyentes, por lo cual quería decir: "Que se quite a sí mismo del centro de autoridad." El verbo está en el tiempo aoristo, lo cual implica una crisis. Puede tener lugar en un momento de tiempo. Tendrá lugar cuando, por un acto de la voluntad, renunciemos a la dominación del yo, y con la ayuda del Espíritu, colocamos a Cristo en el trono del corazón.

Por ejemplo, el egocentrismo y el egoísmo son unas de las causas más frecuentes de discordia matrimonial. Un consejero matrimonial de mucha experiencia mantenía que en el centro de la mayoría de los problemas matrimoniales está la inmadurez del esposo o de la esposa o de los dos. Cuando cualquiera de las dos partes es inmadura, su amor es en su mayor parte físico y egocéntrico porque han dejado de madurar en lo emocional y espiritual. El amor exigente es amor inmaduro. El amor maduro es abnegado y poco exigente.

Crítica destructiva

La crítica destructiva es la característica distintiva del cristiano carnal. Su verdadero carácter se ve en el hecho de que siempre lanza tal crítica de una posición de superioridad. Muy a menudo la persona que es demasiado pronto en criticar a otros por su fallas y deficiencias reales o supuestas sólo intenta compensar sus propias fallas muy graves. Tal crítica es simplemente el producto de las actitudes incorrectas de la persona misma.

Queda por decirse que la inmadurez espiritual puede coexistir con grandes dones espirituales. Es el fruto del Espíritu, no los dones del Espíritu, lo que constituye la verdadera prueba de la madurez espiritual.

4

SE PUEDE MEDIR LA MADUREZ

Y él mismo constituyó a unos, apóstoles; a otros, profetas; a otros, evangelistas; a otros, pastores y maestros, a fin de perfeccionar a los santos para la obra del ministerio, para la edificación del cuerpo de Cristo, hasta que todos lleguemos a la unidad de la fe y del conocimiento del Hijo de Dios, *a un varón perfecto, a la medida de la estatura de la plenitud de Cristo*; para que ya no seamos niños fluctuantes.

Efesios 4:11-14, cursivas añadidas

Los escritores bíblicos con frecuencia establecen paralelos entre la vida física y la espiritual, y en muchos casos los paralelos son muy estrechos. Se puede medir la madurez física de un niño con la ayuda de una cinta métrica y unas balanzas; se puede evaluar el desarrollo intelectual mediante exámenes. Asimismo se puede medir nuestro propio crecimiento en la madurez, y los que tienen las relaciones más estrechas con nosotros serán los mejores jueces de nuestro crecimiento. Pablo declara la norma infalible de medición: "la medida de la estatura de la plenitud de Cristo".

Eso parece una norma formidable e inalcanzable; pero ¿pudiera un Dios infinitamente santo y éticamente perfecto abrigar una norma más baja? El doctor A. T. Robertson, eminente estudioso del griego, arroja luz sobre este dilema. Al comentar el asombroso mandato de nuestro Señor: "Sed, pues, vosotros perfectos, como vuestro Padre que está en los cielos es perfecto" (Mateo 5:48), explica el significado de la palabra "perfecto" en este contexto: "Aquí se trata de la meta delante de nosotros, la absoluta norma de nuestro Padre celestial. También se emplea la palabra al hablar de la perfección relativa, como la de los adultos en comparación con los niños" (cursivas añadidas).[1]

Conoceremos la madurez absoluta sólo cuando veamos a Cristo y seamos como Él (véase 1 Juan 3:2), pero hasta entonces es posible alcanzar una madurez relativa: "avanzando continuamente hacia la madurez", la perfección de un niño avanzando hacia la madurez. Ambos aspectos se funden en Filipenses 3:12-15, donde Pablo dice,

> No que lo haya alcanzado ya, ni que ya sea perfecto; sino que prosigo, por ver si logro asir aquello para lo cual fui también asido por Cristo Jesús. Hermanos, yo mismo no pretendo haberlo ya alcanzado; pero una cosa hago: olvidando ciertamente lo que queda atrás, y extendiéndome a lo que está delante, prosigo a la meta, al premio del supremo llamamiento de Dios en Cristo Jesús. Así que, *todos los que somos perfectos, esto mismo sintamos.* (cursivas añadidas)

Pablo en ese pasaje claramente niega haber alcanzado la madurez absoluta, pero sí afirma el logro de una madurez relativa en su experiencia.

¿Cómo podemos medir nuestro grado de madurez?

Pablo descarta la validez de compararnos con nosotros mismos: "No nos atrevemos a contarnos ni a compararnos con algunos que se alaban a sí mismos; pero ellos, midiéndose a sí mismos por sí mismos, y comparándose consigo mismos, no son juiciosos" (2 Corintios 10:12).

En su libro *Christian Holiness* [Santidad cristiana] el obispo Stephen Neill está de acuerdo con la sentencia de Pablo. El obispo Neill escribe: "¿Será el hombre una vez más la medida de todas las cosas? ¿Por qué norma se me ha de juzgar? ¿Será mi capacidad por sí sola, en un momento dado,

---

[1] A. T. Robertson, *Word Pictures in the New Testament I* (Nueva York: R. R. Smith, Inc., 1930), p. 49.

la medida en ese momento del logro cristiano y la expectación cristiana?"¹

La respuesta es, ¡No! La medida de nuestra la madurez se ve cuando la "plenitud de Cristo", el total de las cualidades que lo hacen lo que es, se exhibe cada vez más en nuestra vida.

La marca principal del desarrollo de la madurez es crecimiento en el conocimiento personal y experimental de Dios, junto con una fuerte aspiración a conocerlo mejor. Esto se ilustraba bien en la experiencia de Moisés. A medida que se desarrolló su intimidad con Dios, se atrevió a pedirle: "Ahora, pues, si he hallado gracia en tus ojos, te ruego que me muestres ahora tu camino, para que te conozca" (Éxodo 33:13). La prontitud de la respuesta del Señor debe alentar a otros a hacer la misma petición. "Y Jehová dijo a Moisés: También haré esto que has dicho" (Éxodo 33:17a).

Esa respuesta generosa le dio a Moisés la osadía de pedir una bendición adicional. Por muy maravilloso que fuera tener una comprensión de los caminos de Dios — los principios por los cuales gobierna a su pueblo — eso sólo estimuló el deseo de Moisés de conocer a Dios mismo de manera más íntima. Así que Moisés pidió: "Te ruego que me muestres tu gloria" (Éxodo 33:18). Se concedió esa petición también. Cada paso hacia un conocimiento más profundo de Dios halló una respuesta positiva. Pablo abrigaba una aspiración similar. "Quiero conocer a Cristo y el poder de su resurrección y la participación en sus sufrimientos, llegando a ser semejante a él en su muerte" (Filipenses 3:10, NVI). Sólo un creyente en vías de madurez compartiría esa aspiración. No fue un mero concepto intelectual de Cristo lo que deseaba Pablo, sino una comprensión, una familiaridad con Él en el nivel más profundo que daría por resultado transformación y una dedicación sin reservas.

●*El creyente en vías de madurez tiene como objetivo de la vida alcanzar la gloria de Dios.* El antiguo catecismo presbiteriano tiene las prioridades correctas en su primera pregunta: "¿Cuál es el propósito principal del hombre?" Igualmente correcta es

---

1 Stephen Neill, *Christian Holiness* (Nueva York: Harper & Row Publishers, 1960), p. 38.

la respuesta: "El propósito principal del hombre es glorificar a Dios y deleitarse en Él para siempre."

La primera petición de la oración modelo de Cristo — "santificado sea tu nombre" — en realidad pide que el nombre de Dios sea honrado y glorificado en todas partes, por todo el mundo. Si hiciéramos esa petición con sinceridad, bien podríamos añadir "cuésteme lo que me cueste". Cada elección en que entra la honra y la gloria de Dios recibirá sólo una respuesta del cristiano maduro. No hay lugar para debate.

Después que Jesús había hablado con su amigos en el Aposento Alto, ofreció su conmovedora Oración Sacerdotal. La oración suena como si Él está dando parte a su Padre acerca de su ministerio terrenal: "Yo te he glorificado en la tierra; he acabado la obra que me diste que hiciese" (Juan 17:4). ¡Qué conciso, pero que amplio! Puesto que el siervo no es mayor que su Señor, el creyente en vías de madurez experimentará una pasión creciente para la gloria de Dios tal como la que se apoderó del conde Nikolaus von Zinzendorf, fundador de la iglesia morava: "Tengo una pasión: ¡Es Él y sólo Él!"

<u>Para el cristiano maduro la santidad será más atractiva que la simple alegría.</u> Parece que en algunos círculos cristianos, la búsqueda de la alegría ha llegado a ser casi patológica. En una carta reciente del doctor J. Hudson Taylor III, él ofrece la siguiente evaluación del ambiente contemporáneo: "La nuestra es una cultura muy egocéntrica. La realización completa de la potencialidad de uno y la promoción de uno mismo se han convertido en nuestras metas principales. Ni siquiera los cristianos están exentos de esto. La pregunta principal de nuestra fe parece ser: '¿Cómo puedo estar contento y satisfecho?' Como resultado hay conversiones frívolas y dedicación superficial." El cristiano maduro ha aprendido que la verdadera felicidad es una consecuencia de la santidad.

Un deseo avasallador de ser santo es una prueba más clara de santificación que el prurito de experiencias emocionantes y sensacionales. Juan Wesley dijo una vez que dudaba que las personas habían llegado a ser completas en Cristo cuando venían a la iglesia para disfrutar de la religión en vez de para aprender a ser santas.

Dios quiere que su pueblo sea gozoso, y el Espíritu Santo es la fuente de ese fruto del Espíritu, que es el gozo. Jesús dijo: "Estas cosas os he hablado, para que mi gozo esté en vosotros, y vuestro gozo sea cumplido" (Juan 15:11). Pero la verdadera alegría viene sólo en la senda de la santidad.

Nuestro Señor fue la persona más gozosa a quien jamás ha conocido este mundo, porque fue el más santo. Se decía de Él: "Has amado la justicia, y aborrecido la maldad, por lo cual *te ungió Dios, el Dios tuyo, con óleo de alegría más que a tus compañeros*" (Hebreos 1:9, cursivas añadidas).

Cuando hacemos de la santidad el objeto de nuestra búsqueda, se da el gozo como añadidura. Para algunos de nosotros, sin embargo, toma mucho tiempo dominar la lección elemental de que somos más alegres cuando somos más santos.

El creyente en vías de madurez deja de estar satisfecho con la "leche" de la Palabra y anhela "alimento sólido". "Lo que ustedes necesitan no es alimento sólido sino leche — escribió el autor de la Epístola a los Hebreos —. Todo el que sólo toma leche, que sigue siendo niño, desconoce la enseñanza acerca de la justicia. En cambio, el alimento sólido es para los adultos..." (Hebreos 5:12b-14, NVI).

Ya no depende el creyente en vías de madurez sólo de alimento espiritual predigerido y estímulos artificiales. El niño espiritual ha aprendido ahora a alimentar la vida interior de la Palabra de Dios y ahonda más en sus enseñanzas. Aunque disfrute de literatura cristiana provechosa y desafiadora, el estímulo principal viene directamente de la Palabra de Dios iluminada por el Espíritu Santo.

El creyente en vías de madurez también tiene un discernimiento creciente que le ayuda a discernir entre verdad y error, bien y mal. "Los que han alcanzado madurez... por el uso tienen los sentidos ejercitados en el discernimiento del bien y del mal" (Hebreos 5:14). Hay tal cosa como la intuición espiritual, pero aquí se tiene en consideración algo más que eso. Se trata de una sensibilidad espiritual que viene de "ejercitarse", es decir, mediante el dominio de los principios bíblicos y la aplicación constante de ellos a las decisiones y sucesos de la vida cotidiana.

Esta virtud caracterizaba a los cristianos de Berea. Cuando se les presentaba enseñanzas nuevas, no las aceptaban basándose simplemente en la palabra de los que las traían, sino que escudriñaban cada día las Escrituras para ver si esas cosas eran así. Ejercitaban sus sentidos espirituales para detectar error de la misma manera que se adiestra a los perros policía a detectar drogas nocivas. Los bereanos no eran cazadores de herejías, sino buscadores de verdad. Este tipo de cristiano no se convierte en víctima fácil de las herejías y sectas que abundan en la actualidad.

Como el Maestro, el creyente en vías de madurez prefiere servir a otros en vez de ser servido por otros. El creyente en vías de madurez imita al Señor que afirmó: "Yo estoy entre vosotros como el que sirve" (Lucas 22:27c). "Porque el Hijo del Hombre no vino para ser servido, sino para servir" (Marcos 10:45).

El verdadero liderazgo espiritual nace no de un deseo de gobernar sino de una pasión para servir. Esta gracia exótica no es natural para la mayoría de nosotros, pero el Maestro lo igualaba con la grandeza. "El que quiera hacerse grande entre vosotros será vuestro servidor" (Marcos 10:43).

Este fue uno de los conceptos más revolucionarios que introdujo Jesús en el mundo religioso de su día. Ahora, como entonces, la mayoría quiere ser señores, no siervos, líderes, no seguidores. Cristo consideraba su reino una comunidad de personas que se caracterizan por servirse las unas a las otras y por servir al necesitado mundo afuera. A diferencia de los reinos terrenales, nuestra condición en su reino se ha de juzgar por el número de personas a quienes servimos, no por el número que nos sirven a nosotros.

Fue en el contexto de la servidumbre que Jesús dijo: "Porque ejemplo os he dado, para que como yo os he hecho, vosotros también hagáis. De cierto, de cierto os digo: El siervo no es mayor que su señor, ni el enviado es mayor que el que le envió" (Juan 13:15-16).

La vida del creyente en vías de madurez será caracterizado por dar en vez de recibir. En esto el Maestro es, otra vez, el modelo. "El Hijo del Hombre... vino... para dar su vida en rescate por muchos" (Marcos 10:45). Esto, también, no es natural para nosotros. En la vida cristiana por lo general recibimos, pero Jesús ejemplificó nuestra responsabilidad de dar también.

Desde Belén hasta el Calvario, la vida del Señor fue de constante entrega de sí mismo hasta que por último sacrificó su vida misma. Le costó algo cada acto de servicio que realizó. Cuando una mujer aquejada se abrió paso por la multitud y tocó el borde de su manto, fue sanada. Pero en el proceso Él perdió algo: fuerzas nerviosas y espirituales. "Yo he conocido que ha salido poder de mí", dijo Jesús (Lucas 8:46). Gustosamente dio de sí a las personas necesitadas en la vida, de la misma manera que dio su vida por personas necesitadas en la muerte.

Nos resulta mucho más fácil dar tiempo o dinero que darnos a nosotros mismos a los necesitados que están alrededor de nosotros; sin embargo, esta es la senda que lleva a la fecundidad espiritual.

La vida cristiana madura no será estéril sino fecunda. La capacidad de reproducirse es prueba de la madurez física, y lo mismo es cierto también en el caso de la madurez espiritual. Uno de los propósitos de Cristo para nosotros como sus discípulos es que nuestra vida sea fecunda. "No me elegisteis vosotros a mí, sino que yo os elegí a vosotros, y os he puesto para que vayáis y llevéis fruto, y vuestro fruto permanezca [. . . Esto os mando]" (Juan 15:16). Un discípulo infecundo es una contradicción en los términos.

¿Qué constituye "fruto"? Podemos buscarlo en dos campos.

Habrá fruto en carácter, el fruto del Espíritu que se expresa en las nueve gracias encantadoras enumeradas en Gálatas 5:22-23. Note que éstas son virtudes pasivas y no activas. Se puede producir cada una en la vida de uno que está paralizado del cuello hacia abajo. A medida que crecemos en la madurez, estas gracias se manifestarán en una medida cada vez mayor.

Habrá *fruto en servicio*. "El que siega . . . recoge fruto para vida eterna, para que el que siembra goce juntamente con el que siega" (Juan 4:36). Al escribirles a los romanos, Pablo reveló el propósito de su visita: "Muchas veces me he propuesto ir a vosotros . . . para tener también entre vosotros algún fruto"

(Romanos 1:13). Almas ganadas y vidas discipuladas y animadas a tener un andar más cerca de Dios serán la prueba de la creciente madurez del creyente.

La vida del creyente en vías de madurez será dinámica en vez de estática. El creyente creciente no resistirá el cambio que evidentemente es de provecho para la iglesia de Dios. El creyente en vías de madurez se extenderá hacia nuevos horizontes de servicio y se esforzará por comprender nuevos conceptos de verdad. El creyente creciente no estará contento con leer lo que es superficial sino que dará la bienvenida a nuevos aspectos de la verdad que ensanchan la mente y regocijan el corazón. El crecimiento continuará hasta la edad avanzada.

El creyente en vías de madurez aceptará y no se resentirá ni rebelará en contra de las disciplinas que Dios en su sabiduría permite que vengan a su vida. Si estamos madurando como creyentes, es posible que no nos parezca placentera la experiencia cuando la estamos viviendo, y la Biblia, de manera realista, reconoce esta posibilidad (véase Hebreos 12:11), pero consideraremos que la voluntad de Dios es "buena, agradable y perfecta" (Romanos 12:2), una declaración que indica que la voluntad de Dios para nuestra vida es inmejorable.

A medida que maduró su carácter, Pablo pudo testificar que había llegado al punto en que podía decir: "He aprendido a contentarme, cualquiera que sea mi situación" (Filipenses 4:11). No es que siempre había estado contento, pero su andar cada vez más íntimo con Dios lo había convencido de manera absoluta de que cualquier cosa que ordenaba Dios era en beneficio de él.

Cuando azotan la tragedia, la tristeza o la aflicción, no siempre resulta fácil guardar este contentamiento, pero es la única senda que lleva al consuelo y la tranquilidad de ánimo. Pablo enunció un principio de pertinencia perpetua cuando anotó el mensaje que recibió del Señor: "Me ha dicho: Bástate mi gracia; porque mi poder se perfecciona en la debilidad" (2 Corintios 12:9).

Se gloriará en la cruz de Cristo y cantará con Sir John Bowring:

En la cruz de Cristo me glorío,
que se destaca sobre las ruinas del tiempo;
toda la luz de la historia sagrada
se reúne en torno a su cabeza sublime.

Solamente la persona espiritual acoge el impacto de la cruz en su vida, pues significa muerte a la vida del yo. "Con Cristo estoy juntamente crucificado, y ya no vivo yo, mas vive Cristo en mí" (Gálatas 2:20a).

El cristiano maduro estará dispuesto a aceptar responsabilidad en la obra del reino. No todos son llamados a un lugar destacado en el servicio a Dios, pero muchos pudieran hacer mucho más de lo que están haciendo si sólo respondieran a las insinuaciones de parte del Espíritu y a la persuasión de personas piadosas. Muchos creyentes están contentos con ser espectadores en vez de participantes.

El creyente inmaduro se conforma con aceptar todas las bendiciones y beneficios de la fe pero no está dispuesto a compartir las responsabilidades acompañantes. Cuando Dios llamó a Moisés a conducir a Israel fuera de Egipto, él produjo toda clase de excusas para encubrir su desgano para asumir esa onerosa responsabilidad. Todos podemos comprender y tal vez excusar la renuencia de Moisés, pero no fue así con Dios. Se enojó por la falta de confianza de Moisés en que Él lo capacitaría para hacer lo que Él había mandado (véase Éxodo 4:14). Asimismo, Dios está disgustado con nosotros cuando nos negamos a aceptar responsabilidad y lo encubrimos alegando insuficiencia.

El creyente maduro estará dispuesto a aceptar responsabilidad por el fracaso, también, y no echará la culpa a un subalterno.

El cristiano maduro mostrará un creciente amor por Dios y por los demás. Pablo elogió a los creyentes tesalonicenses por esta señal de su madurez creciente: "Debemos siempre dar gracias a Dios por vosotros, hermanos, como es digno, por cuanto vuestra fe va creciendo, y el amor de todos y cada uno de vosotros abunda para con los demás" (2 Tesalonicenses 1:3).

Al verter su amor en nuestro corazón por medio del Espíritu Santo (Romanos 5:5), Dios estimula y ensancha nuestro corazón y nos hace capaces de retribuir su amor. El amor engendra amor. Pero cuando el amor se enfría, languidecen todas las gracias.

Se estimula el crecimiento en la madurez cuando comunicamos el conocimiento de Dios con otros creyentes, pues hemos de llegar a la madurez en la vida comunitaria así como en la experiencia individual.

Pablo habla de llegar "a la unidad de la fe" así como a la madurez espiritual, pues ésta se desarrolla no en aislamiento sino en la vida colectiva de la iglesia (véase Efesios 4:13). Se produce esta unidad entre creyentes mediante su compartimiento mutuo "del conocimiento del Hijo de Dios": un conocimiento cada vez más profunda de Él en la vida colectiva. F. F. Bruce sostiene correctamente que "no se pueden alcanzar las alturas de la vida cristiana independientemente de los demás".[1] Es el equipo que está completamente integrado y que trabaja junto de manera desinteresada y armoniosa el que gana el partido.

---

1 Frederick F. Bruce, *Epistle to the Ephesians* (Old Tappan, Nueva Jersey: Fleming H. Revell Co., 1961), p. 86.

5
LA FUNCIÓN DE LA FE EN LA MADUREZ

> Es, pues, la fe la certeza de lo que se espera, la convicción de lo que no se ve . . . Sin fe es imposible agradar a Dios; porque es necesario que el que se acerca a Dios crea que le hay, y que es galardonador de los que le buscan.
>
> Hebreos 11:1,6

Es casi abrumadora la trascendencia de la afirmación absoluta de que sin fe es imposible agradar a Dios. ¿Pudiera ser *difícil* agradar a Dios? Sí, ¡pero seguro que no imposible! Sin embargo, no hay manera de evadir lo tajante de la declaración.

Siendo así el caso, la fe debe de ser un elemento extraordinariamente importante en el progreso hacia la madurez. Se deduce lógicamente que una persona de fe débil también es deficiente en la madurez, y viceversa.

La fe es certeza, seguridad, confianza. Es el sexto sentido que hace posible que uno perciba la invisible pero muy real esfera espiritual. La fe es confianza que descansa en un Dios que es absolutamente honrado y totalmente confiable.

La fe es también un elemento indispensable en andar en comunión con Dios con una confianza infantil y sin esfuerzo que nunca se ha de traicionar. La fe hace posible que el creyente trate el futuro como presente y lo invisible como visible. La fe se siente tan cómoda en la esfera de lo imposible como en la de lo posible, ya que su seguridad se halla en un Dios que no conoce limitaciones, un Dios con quien todas las cosas son posibles.

La fe no existe aparte del objeto en el cual se enfoca. Es semejante a la vista, que no existe aparte del objeto de la visión.

Al mirar algo, no vemos nuestra vista, sino el objeto en el cual está enfocada la vista. Así es con la fe.

El objeto en el cual confía la fe *no es nuestra fe* sino el que hace posible que veamos. Es nuestro vínculo invisible con Dios. Nuestra responsabilidad no es tanto concentrar la atención en nuestra fe como lo es concentrar en Aquel a quien miramos por fe. Sólo Jesús es el Salvador del pecador; la fe es simplemente el ojo que mira hacia Él y lo percibe en ese papel.

La fe no es simplemente un estado de ánimo subjetivo, pues siempre hay un hecho objetivo correspondiente al cual imparte sustancia. "Es, pues, la fe la certeza de lo que se espera, la convicción de lo que no se ve" (Hebreos 11:1). La fe no es sólo pasiva. Cada acto genuino de fe va seguido de una actividad de fe. Hacemos algo basados en nuestra seguridad y convicción. La fe crece y se desarrolla con el ejercicio pero se atrofia con la negligencia.

Andar por fe, no por vista

Un distintivo del cristiano maduro es que anda por fe, no por vista (véase 2 Corintios 5:7); estos dos principios se contradicen y se excluyen mutuamente. El anhelar señales externas o sentimientos internos no es un profundo indicio de espiritualidad, sino que es una prueba de la inmadurez espiritual. Jesús dijo con respecto a esto: "Bienaventurados los que no vieron, y creyeron" (Juan 20:29b).

Se escribió de Abraham, el padre de los fieles, que apartó la mirada de moradas terrenales y dirigió los ojos hacia "la ciudad que tiene fundamentos, cuyo arquitecto y constructor es Dios" (Hebreos 11:10). Moisés volvió las espaldas a la pompa y el esplendor terrenales y "se sostuvo como viendo al Invisible" (Hebreos 11:27). Debido a su implícita confianza en Dios y en la realidad de cosas no vistas, tanto Moisés como Abraham fueron revestidos con la orden de la fe, y sus retratos fueron colgados en la "Galería de la Fama" de Dios.

Gran parte de la angustia en la vida de creyentes inmaduros proviene de un conflicto no resuelto entre estos dos principios: la fe y la vista. La vista se interesa en lo visible y lo tangible; la fe se ocupa de lo invisible y lo espiritual. La vista es prudencia mundana; la fe es sabiduría de otro mundo. La vista concede realidad sólo a las cosas presentes y visibles; "tener fe es tener la plena seguridad de recibir lo que se espera; es estar convencidos de la realidad de cosas que no vemos" (Hebreos 11:1, Versión Popular). Cada principio lucha por tener ascendiente, y el creyente escoge cuál dominará su vida.

Las pruebas de la vida nos ofrecen la oportunidad de adoptar un principio o el otro como regla de vida y de acción. Simón Pedro fue en gran medida gobernado por vista y sentimiento antes de su experiencia de madurarse el día de Pentecostés. Después de eso, la fe se convirtió en el principio dominante de su vida.

Note que se dice que la fe es "la *convicción* de lo que no se ve", no la *conciencia* de lo que no se ve. Antes que podamos sentirlo, debemos ejercer fe en eso. La fe es el acto inicial, y el sentir el efecto que viene como resultado. La fe debe reconocer antes que pueda realizarse, pues los sentimientos provienen de los hechos. Y los hechos que imparten estabilidad a la fe son lo que se revelan en las promesas y declaraciones de las Escrituras.

Los sentimientos de gozo vienen como resultado de creer hechos gozosos. Por supuesto, los hechos no cambian, ya sea que los creemos o no, pero nuestra incredulidad nos priva de gozar de ellos.

Es posible que a menudo prestemos más fe a nuestros sentimientos que a los hechos revelados de la Palabra de Dios. Al hacer eso, no sólo perdemos bendiciones, sino que, en realidad, hacemos mentiroso a Dios.

Revelación y realización

Una progresión divina en la actividad de fe se ve en Romanos 6:6,11,14. En primer lugar viene la *revelación* de un hecho objetivo, el cual no depende de ningún sentimiento subjetivo:

> Sabiendo esto, que nuestro viejo hombre fue crucificado juntamente con él, para que el cuerpo del pecado sea destruido, a fin de que no sirvamos más al pecado.
> Romanos 6:6

Después viene el *reconocimiento* del hecho por la fe:

> Así también vosotros consideraos muertos al pecado, pero vivos para Dios en Cristo Jesús, Señor nuestro.
>
> Romanos 6:11

Por fin viene la *realización*, la experiencia, el sentimiento basado en el hecho:

> El pecado no se enseñoreará de vosotros; pues no estáis bajo la ley, sino bajo la gracia.
>
> Romanos 6:14

La fe no se produce mediante la introspección, el constantemente tomarse el pulso espiritual. Más bien: "La fe es por el oír, y el oír, por la palabra de Dios" (Romanos 10:17). Los médicos dicen que el fijarse constantemente en el latido del corazón de uno tiende a producir enfermedades del corazón. La fe florece mejor cuando se enfoca en lo que es Dios y lo que Él ha dicho, y no en los sentimientos de uno.

Es esencial que se observe la secuencia correcta en este asunto. Se deseamos tener mayor fe, debemos descubrir un hecho divinamente autenticado sobre el cual pueda descansar. Si deseamos gozar de sentimientos tales como el gozo y la alegría, debemos tener fe en los hechos en los cuales están basados el gozo y la paz. Entonces podemos esperar ser llenos "de todo gozo y paz en el creer" (Romanos 15:13).

Grados de fe

La fe puede funcionar en varios niveles, pues no todos los creyentes ejercen la fe al mismo grado en las pruebas.

"¿Por qué estáis así amedrentados? — Jesús les preguntó a sus discípulos en medio de una tormenta espantosa —. ¿Cómo no tenéis fe?" (Marcos 4:40). La incredulidad tiene una memoria muy corta. El miedo y la falta de fe de los discípulos hizo que se olvidaran de las anteriores intervenciones milagrosas de Jesús a favor de ellos; la falta de fe hizo que dudaran de su tierno interés por su bienestar. Frente a dificultades sobrehumanas, la incredulidad se abandona a la desesperación.

Cuando Pedro comenzó a hundirse en las olas que lo sumergían, Jesús le dijo: "¡Hombre de poca fe! ¿Por qué dudaste?"

(Mateo 14:31). En otra ocasión Cristo reprendió a sus seguidores, diciendo: "Vosotros, hombres de poca fe" (Mateo 6:30). La inferencia inconfundible es que la preocupación y la ansiedad nacen de una fe insípida.

Pedro había comenzado su paseo sobre las turbulentas olas como un acto de fe. Pero al desviar su mirada de su omnipotente Señor y ver las olas ondulantes, al saltar atrás, volviendo a confiar en el principio de la vista, *se hundió*. Siempre nos hundiremos cuando preferimos la vista a la fe. Cristo aprecia una fe que hace caso omiso de la vista y sale enérgicamente basada en su segura palabra de promesa.

Gran fe obtiene lo que desee de Dios cuando lo deseado es aprobado por las Escrituras o atestiguado por el Espíritu Santo. A la mujer de Canaán Jesús dijo: "Oh mujer, *grande es tu fe*; hágase contigo como quieres" (Mateo 15:28, cursivas añadidas).

En este relato, la gran fe de la mujer hizo posible que se sobrepusiera al *silencio* del Señor (v. 23). Superó su *exclusivismo aparente* (v. 24). Pasó por alto su aparente *severidad* (v. 26). El triunfo de su gran fe alegró e impresionó al Maestro tanto que le dio todo lo que pedía.

"Ver es creer", dice la persona con sabiduría mundana. "Creer es ver", afirma la persona de fe madura. La Biblia abunda en tales paradojas: algo al parecer incorrecto y contrario a la razón, pero en realidad verdad. La enseñanza bíblica sobre el tema de la fe a menudo está cubierta de paradoja, como cuando nuestro Señor enseña que el grano de trigo estaba muerto porque no había muerto (véase Juan 12:24).

La fe canta en la cárcel

Paradójicamente, también, la fe canta mientras está en la cárcel. Su canto de alabanza precede a su excarcelación, como en el caso de Pablo y Silas (véase Hechos 16:25). La fe puede luchar con eficacia aun cuando está encadenada (véase 2 Timoteo 2:9).

La fe puede florecer en medio de pruebas y tragedia, pero no asegurará inmunidad de estas experiencias para el cristiano. El profeta Habacuc ofrece un ejemplo notable del triunfo de la fe bajo ataque. Estacionado en su atalaya rural, estaba desconcertado por el doble problema de oración no contestada y una Providencia al parecer inactiva. La prosperidad de los malos y las aflicciones de los justos parecían no concordar con su concepción de la naturaleza de Dios.

Vino el alivio cuando Habacuc recibió una palabra del Señor: "El justo por su fe vivirá" (Habacuc 2:4). Con esta garantía, pudo enfrentarse a una tragedia espantosa con una canción en el corazón. Escuche los compases sublimes de su fe:

> Aunque la higuera no florezca, ni en las vides haya frutos, aunque falte el producto del olivo, y los labrados no den mantenimiento, y las ovejas sean quitadas de la majada, y no haya vacas en los corrales; *con todo, yo me alegraré en Jehová, y me gozaré* en el Dios de mi salvación.
>
> Habacuc 3:17-18, cursivas añadidas

Como el profeta tenía a Dios, lo tenía todo, y a través de su fe en Dios, pudo enfrentarse a la tragedia y la congoja, y aun sobrevivir a ellas.

El cristiano espiritualmente maduro experimenta *el reposo de la fe*. Aunque la fe inspira la actividad más intensa, paradójicamente también provoca el más completo reposo del corazón. "Por tanto, queda un reposo para el pueblo de Dios" (Hebreos 4:9). "Los que hemos creído entramos en el reposo" (Hebreos 4:3). Fue la falta de fe lo que impidió que el pueblo de Dios experimentara el reposo de la tierra prometida, y la incredulidad tiene los mismos efectos funestos hoy.

Se alcanza este reposo de fe cuando el Espíritu Santo trae el alma al punto de completa adaptación a la voluntad de Dios. Cuando dos voluntades están en conflicto, no puede haber reposo.

Este reposo de fe no es un estado de inacción sino uno de armonía con la voluntad de Dios. Cuando descansamos así en Cristo, transferimos a Él todo el peso de nuestra responsabilidad y cuidado; permitimos que Él lo lleve, como exhorta Pedro: "Echen sobre él toda su ansiedad, porque él cuida de ustedes" (1 Pedro 5:7, NVI).

La omnipotencia de la fe

¿Nos atrevemos a sugerir que la fe puede gozar aun de una clase de omnipotencia? ¿No dijo nuestro Señor al padre del muchacho endemoniado: "Al que cree todo le es posible" (Marcos 9:23b)? Si estas palabras hubieran salido de la boca de alguien que no fuera el Hijo de Dios, con razón se podrían haber rechazado como pura fantasía. Pero Cristo las dijo como una simple declaración de verdad. Por supuesto, eso no quiere decir que uno pueda usar la fe para satisfacer cada capricho y deseo; pero sí quiere decir que la persona de fe puede hacer o tener cualquier cosa que esté dentro de la voluntad de Dios, no importa cuán imposible parezca. Es imposible, sin embargo, que alguien ejerza fe en Dios para lo que está fuera de la voluntad de Dios.

La fe funciona en cooperación con Dios. Cuando Jesús pronunció esta declaración enigmática: "Más fácil es pasar un camello por el ojo de una aguja, que entrar un rico en el reino de Dios", se relata que "[los discípulos] se asombraron aun más, diciendo entre sí: ¿Quién, pues, podrá ser salvo? Entonces Jesús, mirándolos, dijo: Para los hombres es imposible, mas para Dios, no; porque todas las cosas son posibles para Dios" (Marcos 10:25-27).

Samuel Chadwick, el gran pilar metodista, declaró que con Dios y para la voluntad de Dios, el cristiano es todopoderoso. Con Dios, una persona puede ser todo lo que debe ser; y puede hacer todo lo que debe hacer.

> Era lo más imposible
> que el reinado del pecado cesara en mí;
> pero ¿será? Yo sé que sí.
> Es cierto aunque imposible.
> Lo imposible será,
> pues todas las cosas son posibles para mí.
>
> Carlos Wesley

¿No confirma este concepto la afirmación de Pablo: "Todo lo puedo en Cristo que me fortalece"? (Filipenses 4:13). Concuerda también con la oración de Agustín: "Da lo que tú mandas, y entonces manda lo que tú quieras."

La fe y las promesas

La fe se alimenta de las promesas de Dios. La presencia consciente de Dios es el ambiente en que prospera la fe. Pero en los pantanos palúdicos de nuestras dudas y cuestionamientos, la fe se marchita y muere.

La fe se desarrolla mejor cuando se quitan todos los soportes, pues el ejercicio de la fe siempre incluye arriesgarse. Donde no hay riesgo, la fe es innecesaria. Aumenta a medida que responde a los requisitos y desafíos de la Palabra de Dios. Contrario a la creencia popular, la fe no siempre se fomenta mejor mediante fuertes estímulos y respuestas rápidas a la oración, por mucho que apreciemos estas cosas. La fe florece más en medio de dificultades y conflictos, cuando se han quitado todos los soportes secundarios.

La fe crece con mayor velocidad cuando creemos nuestras creencias y dudamos nuestras dudas. La manera más segura de detener el crecimiento es dudar nuestras creencias y creer nuestras dudas. La fe siempre incluye un acto de la voluntad, y debemos escoger el camino que seguiremos, la vía elevada o la baja.

> La fe poderosa ve la promesa
> y mira sólo hacia Dios;
> se ríe de las imposibilidades
> y grita que sí se hará.
>
> Carlos Wesley

La actividad de la fe

Está escrito de los héroes de la fe que "por fe conquistaron reinos... taparon bocas de leones, apagaron fuegos impetuosos, evitaron filo de espada" (véase Hebreos 11:33-34).

La fe no es pasiva e inactiva, un estado de piadosa indolencia moral. Más bien, es el inspirador secreto de la actividad intensa. No había pasividad en los santos a quienes se atribuían esos logros. Su fe fue el factor motivador en sus hazañas magníficas. Una parecida fe vital de nuestra parte nos moverá a intentar cosas grandes para Dios.

Por otra parte, la incredulidad pone trabas a la omnipotencia. Cuando Jesús volvió a su pueblo, leemos: "No pudo hacer allí ningún milagro... Y estaba asombrado de la incredulidad de ellos" (Marcos 6:5-6). Note el "no pudo". Fue una imposibilidad moral y espiritual, no una imposibilidad física. Este incidente da credibilidad a la contención de Juan Wesley de que "Dios no hace nada salvo en respuesta a la oración de fe." Jesús estaba muy dispuesto a hacer actos de misericordia entre esa gente, pero el único conducto mediante el cual podía fluir su poder sanador estaba obstruido. ¿Pudiera ser que a menudo la inactividad aparente de Dios se debe a nuestra incredulidad?

Con frecuencia se requiere que la fe ande junto con la paciencia. Es en esta escuela que se madura la fe. Se nos aconseja seguir a los que "por la fe y la paciencia heredan las promesas". La fe crece y se madura mediante las pruebas. A menudo el esperar parece más difícil que el creer. Pero si la espera va ligada a la fe inquebrantable, probaremos sin falta que Dios actúa "por el que en él espera" (Isaías 64:4).

6

NO HAY MADUREZ SIN DISCIPULADO

Si vosotros permaneciereis en mi palabra, seréis verdaderamente mis discípulos.

Juan 8:31

En esto conocerán todos que sois mis discípulos, si tuviereis amor los unos con los otros.

Juan 13:35

En esto es glorificado mi Padre, en que llevéis mucho fruto, y seáis así mis discípulos.

Juan 15:8

El discipulado y la madurez espirituales van de la mano. El cristiano maduro comprenderá los principios del discipulado y ajustará su vida a las condiciones tan claramente enunciadas por el Maestro. Es significativo que Jesús no mandó a sus seguidores a ir y hacer *creyentes* de todas las naciones. Sus palabras fueron: "Id, y haced *discípulos* a todas las naciones" (Mateo 28:19a). Un discípulo es un estudiante que acepta las enseñanzas de un ayo, no sólo en la creencia sino también en la vida. Un discípulo acepta de modo realista y práctico las opiniones y prácticas del maestro.

Cuando J. Edgar Hoover era jefe de la Agencia Federal de Investigación, un joven comunista a quien entrevistaba ofreció esta declaración: "Los comunistas no aprendemos a fin de demostrar lo alto de nuestro cociente intelectual. *Aprendemos a fin de poner en práctica lo que hemos aprendido*" (cursivas añadidas). Es este factor el que señala la diferencia entre un mero creyente y un verdadero discípulo de Cristo. Es la esencia del verdadero discipulado.

Los cristianos pueden aprender del partido comunista, que requiere de cada miembro un compromiso absoluto. Nikita Kruschef aseveró: "En el comunismo no hay espectadores." Esto es más de lo que podemos afirmar en el caso de la iglesia. Lenin declaró que no aceptarían como miembro a nadie que tuviera cualquier reserva. Sólo se admitían miembros activos y disciplinados de una de sus organizaciones.

Cuando respondemos al llamado de Cristo al discipulado, entramos en su escuela y nos ponemos bajo su instrucción. Su manual de enseñanza es la Biblia.

Originalmente "cristiano" y "discípulo" eran términos intercambiables, pero es muy lejos de ser así en la actualidad. Muchos que dicen ser cristianos no están dispuestos en absoluto a cumplir con las condiciones del discipulado de Cristo, tales como las enunciadas, por ejemplo, en Lucas 14:25-35. En la iglesia primitiva, el discipulado a menudo incluía participar literalmente del tratamiento que el mundo le dio a Cristo. Para algunos significaba el terrible grito: "¡Los cristianos a los leones!"

Jesús nunca dio a entender a sus discípulos que el camino del discipulado sería fácil. Era demasiado sincero y franco como para hacer eso. Indicó claramente el costo implicado, pues buscaba calidad más que cantidad entre sus seguidores. En su batalla con los poderes de las tinieblas, necesitaba hombres y mujeres cuyos ojos estuvieran abiertos a las repercusiones inevitables.

Robert Browning entendía el alto costo de seguir a Cristo cuando escribió estos versos:

> ¡Qué duro es ser cristiano!
> Duro para ti y para mí.
> No sólo la tarea de realizar,
> el deber al nivel de su ideal,
> cumpliendo así enteramente
> un propósito para el alma humana,
> pues siempre resulta difícil hacer eso.[1]

---

1 Citado en S. M. Zwemer, It is Hard to Be a Christian (Londres: Marshall, Morgan & Scott, s.f.), p. 15.

Fue porque el Señor hizo tan severas las condiciones del discipulado que perdió a algunos de sus seguidores. "Al oírlas, muchos de sus discípulos dijeron: Dura es esta palabra; ¿quién la puede oír? ... Desde entonces muchos de sus discípulos volvieron atrás, y ya no andaban con él" (Juan 6:60,66). El verdadero discipulado nunca ha sido popular, salvo con los maduros.

En la trayectoria de su ministerio, Jesús enunció algunos principios fundamentales para guiar a sus seguidores en su vida y servicio:

El principio de continuación

Dijo entonces Jesús a los judíos que habían creído en él: Si vosotros *permaneciereis* en mi palabra, seréis verdaderamente mis discípulos; y conoceréis la verdad, y la verdad os hará libres.

Juan 8:31-32, cursivas añadidas

Eso da el punto de vista *interior* del discipulado, la actitud del alumno hacia el maestro: continuación permanente en las palabras del Maestro. Donde falta este elemento, el discipulado es sólo nominal y carece de realidad.

¿Qué quiso decir Jesús con la frase: "mi palabra"? Hasta cierto punto es indistinguible del maestro mismo, pues Él es la Palabra viviente. El sentido aquí, sin embargo, parece ser todo el tenor y sustancia de su enseñanza. "Mi palabra" quiere decir su mensaje en conjunto, todo lo que enseñó en la tierra. No sólo pasajes favoritos o doctrinas predilectas, sino toda la gama de su enseñanza.

La conversación de nuestro Señor con los dos discípulos en el camino a Emaús es revelador en este respecto: "Comenzando desde Moisés, y siguiendo por todos los profetas, les declaraba en todas las Escrituras lo que de él decían" (Lucas 24:27).

Para "permanecer en su palabra", o "mantenerse fiel a sus enseñanzas", como dice en la Nueva Versión Internacional, significaba hacerla la regla de vida y práctica, y como corolario, obedecerla estrictamente. El discipulado comienza con la recepción de la Palabra, pero Jesús hizo de la continuación la prueba de la realidad.

Colombano fue un evangelista que dejó su patria natal de Irlanda para llevar el evangelio a Escocia. Se dio cuenta de que no sólo se enfrentaría a grandes dificultades y oposición, sino que también podría ser tentado a darse por vencido y volver a casa. Un túmulo en la playa donde enterró su bote al desembarcar atestaba elocuentemente la realidad de su propósito de obedecer el mando de su Señor de ir y hacer discípulos a todas las naciones. Un verdadero discípulo es uno que se ha dedicado a seguir a Cristo sin reserva alguna.

En una conferencia en Ben Lippen, Carolina del Sur, Estados Unidos, una señorita dio su testimonio. Al hacerlo, sostuvo una hoja de papel y afirmó que contenía la voluntad de Dios para su vida, y que ella la había aceptado. Lo único que estaba escrito en el papel fue su firma al pie de la hoja. Entonces dijo: "He aceptado la voluntad de Dios para mi vida sin saber qué es, y le toca a Él llenar los detalles." Eso fue verdadero discipulado. Ella estaba segura. Con una voluntad tan rendida, el Espíritu Santo con toda seguridad podría guiar sus procesos mentales cuando cada cierto tiempo tuviera que tomar decisiones en cuanto a su futuro.

Algunas personas deciden seguir a Cristo sin reflexión, tomando su decisión en medio de una oleada de entusiasmo que con demasiada frecuencia resulta ser efímera. Fue en vista de tal posibilidad que Jesús, en un mensaje sobre el costo del discipulado, dio una advertencia seria:

> Porque ¿quién de vosotros, queriendo edificar una torre, no *se sienta primero y calcula los gastos*, a ver si tiene lo que necesita para acabarla? No sea que después que haya puesto el cimiento, y no pueda acabarla, todos los que lo vean comiencen a hacer burla de él, diciendo: Este hombre comenzó a edificar, y no pudo acabar.
>
> Lucas 14:28-30, cursivas añadidas

Una decisión sin reflexión a menudo carece del elemento de dedicación profunda, con el resultado de que cuando la persona se da cuenta de todas las implicaciones, el costo resulta ser muy elevado y se cancela su dedicación. Aun durante el ministerio terrenal de Cristo "muchos de sus discípulos volvieron atrás, y ya no andaban con él" (Juan 6:66).

El discipulado a corto plazo

Otros están dispuestos a seguir a Cristo, pero sólo a corto plazo. El Nuevo Testamento, sin embargo, no prevé en absoluto un discipulado a corto plazo. Vivimos en una era en que gran parte de los compromisos son de corta duración. Esto está llegando a ser el caso aun con el pacto matrimonial.

La ubicación en que ejercemos nuestro discipulado pudiera ser temporal, pero se requiere un compromiso total y a largo plazo. Los discípulos a corto plazo por lo general no queman las naves. No entierran su bote tal como lo hizo Colombano. Rara vez llegan completamente al punto en que no se puede volver atrás.

Un joven hace poco me dijo: "Pienso hacer un viaje a Asia para ver cómo es. Si me siento a gusto, tal vez regrese como misionero." Él fue un discípulo a corto plazo. Pero la Gran Comisión no hace de la comodidad del mensajero el factor determinante. Uno cuyo discipulado era tan lánguido y calculador no sería de gran valor para el cuerpo misionero.

Samuel Chadwick explicó las implicaciones del discipulado en términos que son rigurosos y bastante desalentadores, pero no más así que las mismas palabras del Maestro en Lucas 14:26-27,33. Siguen las palabras de Chadwick:

> Nos mueve el acto de Dios. La omnisciencia no celebra ninguna conferencia. La autoridad infinita no deja lugar para transigencia. El amor eterno no ofrece ninguna explicación. El Señor espera que confiamos en el. Nos interrumpe a voluntad. Pasa por alto los arreglos humanos, hace caso omiso de los vínculos familiares, pone a un lado las exigencias de los negocios. Nunca se nos pregunta si es conveniente.

No obstante, dicho eso y reconociendo el absoluto señorío de Cristo, la afirmación de Chadwick debe ser equilibrado por el hecho de que Dios no es sólo el Señor soberano que hace lo que quiere, sino que también es un Padre cariñoso cuya soberanía nunca choca con su paternidad.

Isaías recalcó esa verdad reconfortante cuando escribió: "Ahora pues, Jehová, tú eres nuestro padre; nosotros barro, y tú el que nos formaste; así que obra de tus manos somos todos nosotros" (Isaías 64:8). La Paternidad de Dios es nuestra única garantía de que su soberanía nunca requerirá de nosotros ni nos hará nada que Él vea que a la larga no será para nuestro beneficio.

La continuación en la Palabra de Cristo no es automática. Es el resultado de propósito y autodisciplina fuertes. Implicará tomar tiempo no sólo para leer sino también para meditar en la Palabra de Dios, dándole vueltas en la mente de la misma manera que una vaca rumia. Incluirá la memorización de ciertas porciones, guardando la Palabra de Dios en nuestro corazón.

Para ser eficaces, la lectura y la meditación tendrán que ir "acompañadas de fe", pues sin ésta habrá poco provecho. Se escribió de los israelitas antiguos: "No les aprovechó el oír la palabra, por no ir acompañada de fe en los que la oyeron" (Hebreos 4:2b).

Pero aun la lectura, la meditación y la fe tienen poco valor si no van seguidas de obediencia a las verdades aprendidas. Es cuando guardamos los mandamientos de Dios que demostramos la realidad de nuestro discipulado.

El principio del amor

Un mandamiento nuevo os doy: Que os améis unos a otros; como yo os he amado, que también os améis unos a otros. *En esto conocerán todos que sois mis discípulos,* si tuviereis amor los unos con los otros.

Juan 13:34-35, cursivas añadidas

Ese versículo da el punto de vista *exterior* del discipulado e incluye nuestras relaciones con los demás.

Las sábados por la noche era la costumbre de Samuel Rutherford, el piadoso ministro escocés, preparar a su familia para el día del Señor leyéndoles el catecismo. Preguntas y respuestas pasaron alrededor de la mesa.

Una noche de sábado una llamada a la puerta interrumpió este ejercicio. El hospitalario Rutherford invitó al forastero a unirse al círculo familiar.

Cuando le tocó al visitante responder, la pregunta para él fue:

— ¿Cuántos mandamientos hay?
— Once — respondió.

Rutherford se sorprendió de que un hombre tan evidentemente bien preparado fuera tan ignorante, así que le corrigió. Pero el extraño justificó su respuesta citando: "Un mandamiento nuevo os doy: Que os améis unos a otros."

El extraño aceptó hospitalidad para la noche. La mañana siguiente, mientras el ministro caminaba a la iglesia, escuchó de detrás de un seto una voz elevada en oración, y reconoció la voz del forastero. Fue una oración maravillosa y Rutherford esperó hasta que el hombre salió.

— ¿Quién es usted? — preguntó.
— Soy el arzobispo Ussher, Primado de Irlanda. Había oído decir tanto acerca de su piedad que empleé este método de averiguarlo yo mismo.

Sus corazones se unieron en devoción común. El arzobispo fue invitado a hablar, y cosa poco sorprendente, el texto que escogió fue: "Un mandamiento nuevo os doy: Que os améis unos a otros."

No hemos de amar a otros simplemente porque nos caen bien. La aversión y la simpatía son igualmente inaplicables. Nuestro amor no debe ser selectivo debido a vínculos familiares o sociales. No debemos amar a otros porque son vecinos en sentido geográfico, sino simplemente porque, como nosotros mismos somos pecadores redimidos, procuramos compartir el amor de Cristo con ellos.

Jesús nos dijo que debemos amar a otros de la misma manera que Él nos amó a nosotros. ¿Cómo expresó su amor?

El suyo fue un *amor abnegado*. Aun en el amor humano más noble hay siempre algún elemento de interés propio. Amamos, en parte, por lo que nos trae a nosotros, la felicidad que imparte. El amor de Cristo fue incondicional, abnegado y desinteresado en lo que recibía en cambio.

Fue un *amor perdonador*. El único que está en condiciones de perdonar es la parte ofendida. Aunque a nuestro Señor lo pusieron en tela de juicio y lo negaron, traicionaron y desampararon, no se apagó su amor. Cuando le dijo a Pedro que su perdón debía extender, no a siete ofensas sino a setenta veces siete, sólo ilustraba la extensión de su propio amor perdonador por sus débiles seguidores.

Fue un *amor sacrificado*. Cada acto de servicio que hizo el Señor le costó algo. Como se mencionó anteriormente, cuando perdonó a la mujer que se abrió paso a través de la multitud para tocar el borde de su manto, se relata que "En seguida se dio cuenta Jesús de que de él había salido poder" (Marcos 5:30, NVI). No había límite a los sacrificios que estaba dispuesto a hacer en su vida, pero hizo el sacrificio supremo cuando murió en la cruz. El verdadero amor da de modo incondicional y no exige nada en cambio.

Este es el principio primordial del discipulado. El amor genuino unos por otros es la suprema señal de autenticidad. Cuando las personas ven esta prueba, dirán: "Éstos son verdaderos discípulos de Cristo. Podemos verlo por el calor de su amor los unos por los otros." Podemos predicar y orar, podemos dar de manera abnegada y dar testimonio fielmente, pero sin este amor como la motivación inspiradora, no ganamos nada, somos nulidades espirituales (véase 1 Corintios 13:1-3).

El principio del fruto

Si permanecéis en mí, y mis palabras permanecen en vosotros, pedid todo lo que queréis, y os será hecho. En esto es glorificado mi Padre, en que llevéis mucho fruto, y seáis así mis discípulos.

Juan 15:7-8, cursivas añadidas

Ese pasaje muestra el punto de vista *ascendente* del discipulado. Un discípulo infecundo es una contradicción en los términos. Si no hay verdadero fruto espiritual en nuestra vida, no somos discípulos verdaderos.

¿Qué constituye "fruto"? Principalmente, el fruto de que se trata aquí es para Dios y su gloria, y sólo en un sentido secundario para nosotros. El fruto se manifiesta en dos aspectos. Como se dijo anteriormente, es ante todo *fruto en carácter*, en la vida interior (véase Gálatas 5:22-23). La prueba de la obra del Espíritu Santo en nuestra vida se expresa en nueve gracias encantadoras, cada una de las cuales se vio en perfección en la vida de Cristo. El árbol es conocido por su fruto. El discípulo es reconocido por su semejanza a Cristo en su carácter interior.

Además de fruto en carácter, el verdadero discipulado llevará *fruto en servicio*, en ministerio exterior. Este fruto se ve cuando se ganan hombres y mujeres para Cristo, cuando los convertidos son discipulados por otros discípulos interesados, y cuando los cristianos son llevados a la madurez espiritual.

Queda por decir que el llevar fruto, una señal del verdadero discipulado, no es automático. Es opcional. Jesús puso eso en claro cuando dijo: "De cierto, de cierto os digo, que si el grano de trigo no cae en la tierra y muere, queda solo; *pero si muere lleva mucho fruto*" (Juan 12:24, cursivas añadidas).

Así Jesús vinculó el llevar fruto con la cruz. ¿No ejemplificó esta verdad en su propia muerte? El solo grano de trigo que cayó en la tierra y murió en Calvario produjo tres mil semillas cincuenta días después en el día de Pentecostés; y su muerte ha continuado produciéndolas en números cada vez mayores desde entonces.

Las palabras clave de Juan 12:24 son: "si . . . no" y "si". La gloriosa posibilidad de fecundidad abundante depende de nosotros. "Bástale al discípulo ser como su maestro, y al siervo como su señor" (Mateo 10:25). Se nos da directamente a nosotros la responsabilidad de llevar fruto.

¿Cuál será, granito de trigo?
¿Optar por vivir como semilla dorada,
o morir solo en un cuadro de tierra
para el hambriento mundo necesitado?

¿Protegerás tu vida del frío y de la lluvia?
¿O la devolverás al campo surcado
Para que pronto las manos del segador
recojan la cosecha?

¿Cuál será, oh alma mía?
¿Amarás tu vida por unos breves años?
¿O la entregarás toda por amor al Maestro
y el llanto del mundo mediante las lágrimas?

Aunque pierdas la vida, volverá a brotar
del sepulcro donde una vez fue sellada,
y una abundancia de gavillas doradas estará
en el campo de la cosecha del Maestro?

Ruth Gibbs Zwall

7
LA EDAD NO SE IGUALA CON LA MADUREZ

Oh Dios, me enseñaste desde mi juventud, y hasta ahora he manifestado tus maravillas. Aun en la vejez y las canas, oh Dios, no me desampares, hasta que anuncie tu poder a la posteridad, y tu potencia a todos los que han de venir.

Salmo 71:17-18

Sólo tengo la edad de mis actitudes, no de mis arterias", declaró un anciano optimista. El igualar la vejez con la madurez es una evaluación demasiado esperanzada de la situación. De ninguna manera están unidas las dos condiciones. Lo ideal sería que todos lo ancianos fueran maduros, pero no siempre se realiza lo ideal. En realidad, las reacciones de algunas personas ancianas son todo lo contrario de lo maduro. No es nuestra edad cronológica sino nuestras actitudes lo que determinan el grado de nuestra madurez.

Como las personas difieren tanto en sus antecedentes, temperamento y puntos de vista, las actitudes varían mucho. Algunos ven la posibilidad de envejecer de manera completamente negativa, y como resultado sus reacciones son amargas. Otros abrigan una perspectiva más positiva y optimista, y por consiguiente viven de una manera más enérgica.

Es este último grupo que da pruebas de verdadera madurez espiritual. Es así porque han aceptado la libertadora verdad de que la voluntad de Dios, que incluye la vejez, es "buena . . . agradable y perfecta" (Romanos 12:2). Aceptan esas palabras en su sentido más amplio y literal como verdaderas, no sólo en el caso de los cristianos en general, sino también en su propio caso particular.

La voluntad de Dios es perfecta y agradable

Para la mayoría de los cristianos nos les resulta un problema insuperable asentir *teóricamente* a la proposición de que la voluntad de Dios es perfecta y que por lo tanto es inmejorable. Pero es otra cosa enteramente mantener con la misma sinceridad que les resulta agradable cuando van decayendo sus facultades, aumentando sus limitaciones y debilitándose sus fuerzas. Sin embargo, esta es la única vía abierta a la fe. Si la voluntad de Dios es efectivamente agradable, se ha de aceptar, y la reacción madura será aceptarla con acción de gracias.

Cuando así se acepta la voluntad de Dios en el corazón, sigue la serenidad. Esa aceptación abre nuevas fuentes de fuerza que hacen posible que uno se sobreponga a las limitaciones e incapacidades que son demasiado reales.

En su enfoque realista a las consecuencias menos deseables del envejecimiento, la Biblia no las pasa por alto sino que con consecuencia presenta el severo contraste entre la vejez que se vive en un compañerismo vital con Dios y una vejez vivida sin Él.

Pablo hizo frente a la vida de manera realista conforme envejeció. "Aunque este nuestro hombre exterior se va desgastando, el interior no obstante se renueva de día en día" (2 Corintios 4:16). Deterioro externo, renovación interior. La descomposición de la casa de barro no es la totalidad de lo que sucede. Pablo testificó que junto con el desgaste del cuerpo, también tiene lugar un proceso contrario. Él recibía día por día nuevos aumentos de fuerzas de Dios para darle poder para enfrentar las exigencias de cada día. Lo que Pablo recibió de Dios, nosotros podemos recibir del Dios que "da esfuerzo al cansado, y multiplica las fuerzas al que no tiene ningunas" (Isaías 40:29). Conforme a nuestra fe nos será hecho.

Se vio el triunfo de una actitud madura en la vida de Emma Piechynska, esposa de un sádico conde polaco. Su biógrafa describió su reacción a la tiranía de su esposo con estas palabras:

> No había resignación triste o sumisión melancólica en ella. Cada nueva experiencia de sufrimiento fue un desafío para su voluntad. No hay que aceptar el sufrimiento con mera sumisión. Hay que llevarlo adrede. Cada experiencia vale lo que cuesta.

Se rindió noble homenaje al espíritu con el cual aceptó sus pruebas: "Hacía bellos ramilletes de las negativas de Dios. Su vida fue enriquecida por las cosas que se le negaron."[1]

Aceptación de nuestra edad

Si hemos de experimentar alegría y serenidad en nuestros últimos años, debemos aceptar con gusto nuestra edad y lo que trae como parte de la perfecta voluntad de Dios. Con intención y resolución debemos esforzarnos a mantener una actitud positiva y alegre. Por supuesto, puede haber una alegría falsa que es sólo una fachada. Pero el verdadero "gozo en el Espíritu Santo" es algo sobrenatural que supera aun al sufrimiento, el dolor y las limitaciones cada vez mayores.

Debe ser nuestra ambición fija hacer de nuestros últimos años los mejores: los mejores para Dios, los mejores para los demás y los mejores para nosotros mismos. Y ¿por qué no deben ser los mejores, cargados como están con la sabiduría de la experiencia? ¿No prometió Dios: "Os haré mayor bien que en vuestros principios"? (Ezequiel 36:11).

> ¿Qué, pues? ¿Nos sentaremos y diremos:
> Ya vino la noche, ya no es de día?
> Pues la edad no ofrece
> menos oportunidad que la juventud,
> aunque sea diferente su disfraz.
> Y al ir desvaneciéndose la luz del atardecer,
> el cielo se llena de estrellas
> invisibles de día.
>
> H. W. Longfellow

---

1 Olive Wyon, *Emma Piechynska* (Londres: Hodder & Stoughton).

Cuando Juan Wesley era anciano, se anotó un impresionante testimonio a la brillantez de su personalidad. "Por dondequiera que iba, difundía una porción de su propia felicidad. En él la vejez parecía deliciosa, como una tarde despejada. Era imposible observarlo sin desear: '¡Que mis últimos años sean como los suyos!' "

Algunos ancianos irradian alegría, y su misma presencia es una bendición. Dan pruebas de una madurez atractiva a la cual son extraños los que están absortos en sí mismos y los que tienen lástima de sí mismos.

Una contribución continuada

El cristiano anciano tiene mucho que compartir con la generación más joven. Los años avanzados constituyen una madurez de sabiduría y una amplitud de amabilidad que no se puede recoger de libros de texto, sino sólo en la escuela de la vida. El cristiano anciano posee una sabiduría que se ha extendido bajo el martillo, a menudo con dolor, en el yunque de la experiencia. El cristiano anciano tiene el privilegio y la responsabilidad de proporcionar a todos los que los necesiten y deseen, estos descubrimientos tan caros.

Con menos presión de tiempo, las personas mayores pueden, en un grado nunca antes posible, descubrir de nuevo el placer del estudio bíblico serio, de la lectura lenta, de una ordenada vida de oración que hace del mundo su parroquia.

"En la vejez el cristiano tiene una influencia de poder acumulado y especial — dice un escritor anciano —. Reúne las fuerzas de un carácter probado por mucho tiempo y abunda en experiencia madura. La obra que realiza un cristiano en los últimos años de vida a menudo tiene una vitalidad que no tenía en sus años más ocupados." Hay mucha potencialidad, en gran parte no aprovechada, en la experiencia, el conocimiento y la madurez acumulados de los cristianos mayores.

La exhortación de Hebreos 6:1 (NVI): "Avancemos hacia la madurez", nos anima a creer que el crecimiento y el desarrollo pueden continuar hasta el fin de la vida. Los especialistas médicos son unánimes en sostener que aparte de la enfermedad seria u otras condiciones físicas adversas, el ser humano normal puede aprender a crecer a cualquier edad. Las leyes del crecimiento mental y espiritual — si estamos lo bastante motivados a aplicarlas — estarán vigentes hasta el mismo fin de la vida, aunque el paso pudiera ser más lento. Alguien ha dicho que no nos envejecemos porque avanza nuestra edad; nos envejecemos porque no crecemos.

El crecimiento interior todavía es posible

A pesar de nuestra edad y condición física, debemos seguir creciendo espiritualmente. El crecimiento interior sigue siendo posible aun después que comienza a decaer el cuerpo físico, pues todo verdadero crecimiento es mental y espiritual. Es un hecho generalmente aceptado que mientras la enfermedad no dañe nuestras facultades mentales, la actividad mental puede continuar en aumento aun en la edad avanzada.

Cuando tenía más de ochenta años, Arnold Toynbee, el historiador británico, escribió: "Nuestra mente, siempre que se mantenga aguda, no está impedida por limitaciones físicas; puede recorrer el tiempo y el espacio hasta la infinidad."[1]

Un miembro canadiense de la Misión al Interior de China (ahora la Fraternidad para Misiones en el Extranjero), Benjamin Ririe, se jubiló de la obra misionera en China a la edad de setenta años y se radicó en Toronto. A los ochenta años decidió emprender el estudio del griego del Nuevo Testamento. Llegó a ser experto en la lectura del Nuevo Testamento en ese idioma.

A los noventa años tomó un curso de repaso en griego en una universidad bautista en Toronto. Al llegar a los cien, asistió a una reunión en la cual fui el orador. ¡En su bolsillo estaba un léxico griego gastado que había usado para retocar su griego mientras viajaba en el tren subterráneo a través de la ciudad! A los cien años todavía ambicionaba ser lo mejor posible para Dios en el aspecto intelectual. ¿Compartimos esa ambición, o nos conformamos con permitir que se atrofien nuestras facultades mentales? Su ejemplo tiene un mensaje para las personas

---
1 Arnold J. Toynbee, *Experiences* (Londres: Oxford University Press, 1969).

mayores que han dejado de esperar y afanarse por lograr crecimiento mental en sus últimos años. El suyo fue un ejemplo de la madurez en su apogeo.

Nunca es demasiado tarde

El progreso de Abraham hacia la madurez fue caracterizado por una serie de crisis. La primera fue el llamado de Dios a Abraham a dejar su cómodo y próspero hogar paterno para llevar una vida nómada. Emprendió obedientemente esa emocionante segunda carrera a los setenta y cinco años (véase Génesis 12:1).

Abraham de ninguna manera era un joven imberbe en busca de aventura. Demuestra su madurez y la de su esposa Sara —que tenía sólo diez años menos— el hecho de que, según consta: "Por la fe Abraham, siendo llamado, obedeció para salir al lugar que había de recibir como herencia; y salió sin saber a dónde iba" (Hebreos 11:8).

Tal vez Dietrich Bonhoeffer pensara en Abraham cuando escribió: "Es la señal de un hombre adulto en comparación con un joven imberbe, el que halla su centro de gravedad en el lugar donde se encuentre en el momento. Y por mucho que anhele el objeto de su deseo, éste no puede impedir que él se quede en su puesto y haga su deber." Abraham estaba completamente a la altura de esta norma.

Habría sido una experiencia traumática para una mujer mucho más joven que Sara abandonar su lujoso hogar. Ur de los caldeos era una ciudad muy civilizada, y su esposo era un hombre acaudalado. Dejar atrás sus tesoros y llevar consigo sólo las cosas adecuadas para una vida nómada, viviendo en tiendas de campaña, debe de haber creado una aprehensión considerable. Para cómodos habitantes de una ciudad, cambiar así todo su estilo de vida en aquella época de la vida requería fe y valor en grado extraordinario. Al dar el formidable primer paso, tanto Abraham como Sara progresaron mucho en el camino hacia la madurez.

Personas ancianas y con serias incapacidades han logrado muchas cosas estupendas. Beethoven en la música y Milton en la literatura triunfaron gloriosamente sobre su edad y debilidades. Éstos y otros como ellos se negaron a dejarse intimidar por su incapacidad física, y a ellos les está el mundo entero eternamente agradecido.

Beethoven compuso algunas de sus más gloriosas obras musicales hacia el final de su vida cuando estaba completamente sordo. Milton escribió algunos de sus poemas más magníficos durante sus últimos años de ceguera. El mundo habría quedado muy empobrecido si no hubiera existido la *Novena sinfonía* de Beethoven ni *El Paraíso perdido*.

Fue mi privilegio compartir el ministerio en un congreso de los *Navegantes* con el doctor Herbert Lockyer. A pesar de — ¿o fue debido a? — sus noventa y dos años, pronunció mensajes ricos e inspiradores. Ese mismo año, tres libros salieron de su ocupada pluma. Qué maravilloso que a esa edad, aunque débil en lo físico, él todavía pudiera compartir con miles alrededor del mundo el fruto cosechado de su madurez espiritual.

Aflicción

Al pasar los años, el pesar por la pérdida de seres queridos se convierte cada vez más en la suerte de los que estamos envejeciendo. La manera en que hacemos frente a la aflicción y el dolor es una prueba aguda de nuestra madurez. Al escribir a la señorita Amy W. Carmichael de la Fraternidad Dohnavur en India, el obispo Frank Houghton mostró, en cuanto a la muerte de su hermana menor, una actitud madura que merece nuestra imitación. Escribió:

> Muchos de nuestros amigos, en sus cartas de pésame, hablan de los caminos misteriosos de Dios, y sé que hay un elemento de misterio. Pero rechazo la sugerencia de que nuestro Padre haya hecho algo que necesite explicación. Lo que Él ha hecho es lo mejor, porque Él lo ha hecho, y es mi oración que como familia no andemos buscando explicaciones, sino que nos regocijemos por el Espíritu Santo y digamos: "Te doy gracias, Padre... Aun así, Padre..."
>
> Sugiere una falta de confianza en Él si nos resulta necesario comprender todo lo que Él hace.

¿No nos dará mayor gozo el decirle que no necesitamos explicación porque lo conocemos? "En cuanto a Dios, perfecto es su camino", dijo el salmista. Si su camino es perfecto, no necesitamos explicación.[1]

---

[1] Frank Houghton, *Amy Carmichael of Dohnavur* (Londres: S.P.C.K., 1952).

8

LA MADUREZ EN LA VIDA DE ORACIÓN

De igual manera el Espíritu nos ayuda en nuestra debilidad; pues qué hemos de pedir como conviene, no lo sabemos, pero el Espíritu mismo intercede por nosotros con gemidos indecibles. Mas el que escudriña los corazones sabe cuál es la intención del Espíritu, porque conforme a la voluntad de Dios intercede por los santos.
Romanos 8:26-27

Pedid, y se os dará; buscad, y hallaréis; llamad, y se os abrirá. Porque todo aquel que pide, recibe; y el que busca, halla; y al que llama, se le abrirá.
Lucas 11:9-10

La oración tiene un lugar sumamente importante en el crecimiento y desarrollo de la vida cristiana. La madurez espiritual, por lo tanto, se manifestará en la calidad de la vida de oración del creyente.

La oración es paradójica. No hay otro ejercicio espiritual que constituya tal mezcla de simplicidad y complejidad. Aunque es "la forma de habla más sencilla que pueden intentar los labios infantiles", también es "los tonos más sublimes que llegan a la Majestad en lo alto".[1] Es tan apropiado para el filósofo erudito como para el niño pequeño. Puede ser el pensamiento espontáneo de un momento o la actitud de toda una vida. Es una angustia y un éxtasis. Es sumisa, y, sin embargo, importuna. Puede enfocarse en un solo objetivo y puede recorrer el mundo.

En medio de esta complejidad y aparente contradicción, no

---

[1] Por James Montgomery (1771-1845) en su himno "Prayer Is the Soul's Sincere Desire".

es de extrañarse que aun Pablo, ese gran exponente del arte de la oración, fue obligado a confesar: "Qué hemos de pedir como conviene, no lo sabemos." Pero antes aun de decir eso, afirmó: "El Espíritu nos ayuda en nuestra debilidad" (Romanos 8:26).

En las oraciones de los creyentes maduros, *los intereses y las preocupaciones de Dios siempre serán supremos*. En las etapas inmaduras de la vida cristiana, nuestras oraciones tienden a concentrarse en nosotros y nuestros intereses, y consisten principalmente en peticiones. Pero al crecer y traer nuestra vida cada vez más bajo la autoridad de la Biblia, aprendemos a poner a Dios y sus intereses en primer lugar en nuestras oraciones.

La oración modelo

La oración modelo de Cristo establece claramente esta prioridad. Había llevado aparte a sus discípulos para un retiro tranquilo y oraba en su presencia. Cuando terminó, uno de ellos le dijo: "Señor, enséñanos a orar." Respondió a la petición dándoles la oración modelo que se encuentra en Mateo 6:9-13.

La primera mitad de esta oración, sobre la cual Jesús dijo que debemos modelar nuestras propias oraciones, se ocupa totalmente de Dios y sus intereses: una preocupación por santificar su nombre, por la venida de su reino, y por la realización de su voluntad. Sólo entonces son apropiadas las peticiones personales. Debemos observar esta prioridad y dar a la adoración y acción de gracias un lugar proporcionado en nuestras oraciones.

Un estudio de las oraciones de Pablo confirmará este énfasis. Aunque en ellas se incluyen algunas peticiones personales, la mayoría de sus oraciones se concentran en los intereses de Dios y de los demás.

La oración con autoridad

La autoridad en la oración será otra señal de una madurez creciente. El cristiano está ocupado en la lucha espiritual contra fuerzas espirituales invisibles e intangibles, y para tal conflicto sólo valen las armas espirituales. Y están disponibles.

"Las armas de nuestra milicia no son carnales, sino poderosas en Dios para la destrucción de fortalezas" (2 Corintios 10:4).

De estas armas, la oración es la más formidable. "No tenemos lucha contra sangre y carne, sino contra principados, contra potestades, contra los gobernadores de las tinieblas de este siglo, contra huestes espirituales de maldad en las regiones celestes" (Efesios 6:12). Parece una competencia desigual, y sin embargo, es a tal conflicto que estamos comprometidos.

¿Cuál es la estrategia divina para esta campaña? El fulcro sobre el que gira es nuestra capacidad de orar correctamente. Es una máxima espiritual así como militar que el mejor método de ofensa es el ataque, así que el plan de nuestro Comandante es que la iglesia debe atacar constantemente en todos los frentes. En ninguna parte prevé una iglesia a la defensiva. Es necesario, pues, que sigamos en la lucha hasta llegar a las mismas puertas del infierno, y tenemos la garantía de Dios de que no podrán aguantar el asalto (véase Mateo 16:18).

Es en este contexto que orar con autoridad resulta ser una arma potente. A sus setenta discípulos fervientes, el Señor dijo: "Yo veía a Satanás caer del cielo como un rayo. He aquí os doy potestad . . . sobre toda fuerza del enemigo" (Lucas 10:18-19).

La inferencia inconfundible fue que mediante el ejercicio de su autoridad delegada en su propia esfera de responsabilidad, ellos también presenciarían la derrota de Satanás. Y no fueron decepcionados. Los radiantes discípulos volvieron de su incursión evangelística exclamando: "Señor, aun los demonios se nos sujetan en tu nombre" (Lucas 10:17).

No se retiró esta autoridad prometida; pero cuando los discípulos perdieron la fe vital en la promesa de Cristo, no tuvieron poder siquiera para librar a un muchacho poseído por demonios (véase Mateo 17:19). Estaban paralizados por su propia incredulidad. Después de su resurrección, el Señor afirmó una vez más el privilegio de ellos: "En mi nombre [mi autoridad] echarán fuera demonios" (Marcos 16:17).

La espada del Espíritu

Otro recurso está disponible para el alma que ora: "la espada del Espíritu, que es la palabra de Dios". Fue con esta arma que

Jesús derrotó al diablo en la tentación en el desierto. Se libra su poder agresivo y vencedor sólo como respuesta a la oración de fe.

Nuestras instrucciones son específicas: "Tomad... la espada del Espíritu, que es la palabra de Dios; orando en todo tiempo con toda oración y súplica en el Espíritu" (Efesios 6:17-18a). Pablo no representa aquí oración pasiva y reposada. Sólo la oración enérgica y agresiva basada en la Palabra de Dios servirá para desalojar al enemigo de su ciudadela de los siglos. Tal oración libra los recursos de Dios y los pone en juego en el campo de batalla. ¿Costoso? Sí, pero también vencedor.

"Satanás no teme otra cosa que la oración — escribió Samuel Chadwick —. Su única preocupación es impedir que los santos oren. No teme nada de estudios sin oración, trabajo sin oración, religión sin oración. Se ríe de nuestro trabajo, se mofa de nuestra sabiduría, pero tiembla cuando oramos."

> Al impedir la oración, dejamos de luchar.
> Ella da brillo a la armadura del cristiano,
> y Satanás se estremece cuando ve
> al santo más débil arrodillado.
>
> William Cowper

Jesús empleó una ilustración vívida de nuestras prioridades en esta lucha espiritual: "¿Cómo puede alguno entrar en la casa del hombre fuerte, y saquear sus bienes, si primero no le ata? Y entonces podrá saquear su casa" (Mateo 12:29).

Cada creyente en la actualidad puede ejercer esta autoridad delegada sobre Satanás y sus huestes. El triunfo de Cristo puede convertirse en el triunfo de cada creyente. Aunque en sí son lastimosamente débiles, los creyentes tienen un papel estratégico en esta lucha sin tregua.

La oración no contestada

El cristiano maduro no se dejará disuadir por lo que parece ser oración no contestada. El creyente maduro buscará la causa de la oración no contestada.

Alguien dijo: "Es fácil convertirse en fatalista en cuanto a la oración no contestada." Resulta más fácil considerarla la voluntad de Dios que buscar detenidamente y descubrir la causa meditándola. El cristiano maduro adoptará este último proceder. ¿Debemos ser menos realistas y sinceros en nuestro enfoque a este problema — que se reconoce como difícil — que un comerciante a un balance desfavorable?

Tal vez nuestra renuencia a hacer frente a nuestros fracasos en la oración y analizarlos esté arraigado en una equivocada preocupación por la honra de Dios. Pero en realidad Dios recibe más honra cuando de manera implacable hacemos frente a nuestro fracaso y buscamos con diligencia la causa, que cuando de manera piadosa hacemos caso omiso del problema o lo encubrimos.

La razón subyacente de toda oración no contestada es que de alguna manera tal vez hayamos pedido de manera incorrecta. Santiago da una razón posible: "Cuando piden, no reciben porque *piden con propósitos equivocados*" (Santiago 4:3a, NVI, cursivas añadidas).

O pudiera ser que hemos sustituido *fe en Dios* por *fe en la oración*? En ninguna parte se nos exhorta tener fe en la oración, pero nos aconseja la Autoridad más alta: "Tened fe en Dios." Tal vez eso parezca una frase trillada, pero es más que una cuestión de semántica. Dios es el factor sumamente importante en la oración, y Él es también el actor.

Cuando los apóstoles se enfrentaron con el problema del fracaso, le preguntaron a Jesús: "¿Por qué nosotros no pudimos . . . ?" "Por vuestra poca fe", fue la respuesta del Señor (Mateo 17:19-20). Un análisis de nuestras propias oraciones pudiera descubrir la desconcertante verdad de que muchas de ellas no son *la oración de fe* en absoluto, sólo *la oración de esperanza* o aun de desesperanza. Cuando oramos, esperamos sinceramente que Dios conteste, pero a menudo no tenemos la confianza inquebrantable de que lo hará.

Debemos reconocer que Dios está obligado a contestar sólo la oración de fe, y en cuanto a esto tenemos una promesa: "Les digo: Todo lo que pidan en oración, crean que ya lo han recibido y será suyo" (Marcos 11:24, NVI). ¡No piense que el traductor confundió los tiempos de los verbos! Somos nosotros los que tenemos una actitud de corazón incorrecta.

Respuestas demoradas o negadas

Las demoras o negaciones en la esfera de la oración no harán que el cristiano maduro tropiece. El creyente maduro reconoce la soberanía de Dios y se regocija en ella; acepta el hecho de que Él tiene una razón legítima por tal acción o inacción. El ejemplo típico de esto es la reacción de Pablo a su "aguijón en la carne".

Respuestas *demoradas* no son necesariamente negaciones. Dios sabe mejor que nosotros el momento preciso para actuar. Nosotros somos impulsados por nuestra propia impaciencia, pero Dios no sucumbirá a presión para que haga algo de manera prematura. Si se demora la respuesta, Dios tiene una buena razón. Tal vez la demora sea un medio de disciplina espiritual necesaria. Estamos aquí para aprender. La impaciencia es una forma de desconfianza en Dios.

A veces nuestras oraciones reciben una negativa por razones que nuestro Padre sabe que son buenas. Tal vez si se diera la respuesta exacta a la oración, tendría efectos secundarios indeseables que nosotros no podamos ver. O pudiera ser que Dios piensa darnos una respuesta mayor o una bendición más exaltada. Al llegar a conocerlo mejor, podemos confiar en su amor y sabiduría aun cuando no podamos comprender sus acciones.

¿Aún no respondida?
Aun cuando al principio presentaste
esta única petición ante el trono del Padre,
pareció que no esperaste el tiempo de pedir,
por la urgencia en darlo a conocer.
Aunque hayan pasado años desde entonces,
no te desesperes.
El Señor responderá
en algún momento, en alguna parte.

¿Aún no respondida? No digas no concedida.
Tal vez no hayas cumplido
todavía tu parte.
La obra comenzó cuando por primera vez
pronunciaste tu oración;

y Dios terminará lo que ha comenzado;
si mantienes ardiente allí el incienso,
verás su gloria
en algún momento y en alguna parte.

> Ophelia R. Browning,
> "¿Aún no respondida?"

Oración audaz

El cristiano maduro no desconocerá la oración audaz. A la luz de las abundantes promesas hechas por el Intercesor, ¡cuán tibias e insípidas son muchas de nuestras oraciones! Rara vez se remontan nuestras peticiones sobre el nivel del pensamiento natural o la experiencia previa. Concretamos nuestras oraciones a peticiones respetables por un gasto mínimo de poder divino. ¿Cuán a menudo nos atrevemos a pedir lo inaudito, y no digamos lo imposible?

Todo el ambiente de esta época materialista en la cual vivimos tiende a hacernos minimizar lo que podemos esperar de Dios; sin embargo, las Escrituras nos animan a creer que la extensión de expectativas legítimas es literalmente sin límites. Esta creencia dio origen al gran lema de Guillermo Carey: "Espera cosas grandes de Dios. Intenta cosas grandes para Dios."

Como si fuera para prever y superar nuestra renuencia de orar de manera audaz, Dios emplea en sus promesas al alma que ora todos los términos universales: quienquiera, cualquier, todo, cada.

Considere una promesa así: "De cierto, de cierto os digo, que *todo* cuanto pidiereis al Padre en mi nombre, os lo dará" (Juan 16:23, cursivas añadidas). Siga el rastro de los otros términos universales tales como se los emplea con relación a la oración, y note cómo nos alientan a traer peticiones grandes.

Ven, alma mía, prepara tu petición,
a Jesús le encanta contestar la oración;
Él mismo te ha mandado orar,
así que no te negará.

> Vienes delante de un rey,
> trae contigo grandes peticiones,
> pues tales son su gracia y poder
> que ninguno jamás puede pedir demasiado.
>
> John Newton

Se ha dicho que la única limitación de Dios está en el carácter del que ora. La afirmación de Cristo: "Conforme a vuestra fe os sea hecho", apoya esta aseveración (Mateo 9:29).

Dios se deleita en oír y contestar oraciones atrevidas que se basan en promesas bíblicas. Cuán rápidamente respondió a la fe de la mujer sirofenicia, aun cuando su oración no tenía derecho de reclamación (véase Marcos 7:24-30). Aun así, Cristo nos alienta a pedir libremente lo imposible así como lo posible, ya que para Él todas las dificultades son igualmente insignificantes.

Fue esta confianza la que llevó a Jesús a hacer esta asombrosa declaración a sus discípulos: "De cierto os digo, que si tuviereis fe como un grano de mostaza, diréis a este monte: Pásate de aquí allá, y se pasará; y nada os será imposible" (Mateo 17:20).

En otra ocasión Cristo usó la ilustración de un árbol y no un monte (Mateo 21:21). Pero la oración audaz no consterna más ante una montaña que ante un árbol, ya que "al que cree todo le es posible" (Marcos 9:23).

> Fue lo más imposible de todo
> que en mí cesara el reinado del pecado.
> Pero, ¿será? ¡Yo sé que sí!
> ¡Es cierto aunque imposible!
> Lo imposible será;
> todas las cosas me son posibles.
>
> Carlos Wesley

La lucha en oración

Hay una clase de oración que sólo experimentan los maduros. Epafras partícipó en este tipo de intercesión, y de él Pablo escribió: "Epafras, que es uno de ustedes y siervo de

Cristo Jesús . . . siempre está luchando por ustedes en oración" (Colosenses 4:12, NVI).

J. H. Jowett dijo que toda oración vital agota parte de la vitalidad de uno. Nuestro Señor oró "con gran clamor y lágrimas". Nuestra palabra "agonizar" se deriva de la palabra griega que aquí se traduce "luchando". ¡Qué reflejo más pálido de las luchas de Epafras son nuestras oraciones lánguidas!

Una indicación de lo arduo que es esta clase de oración se ve en el hecho de que se emplea las misma palabra al hablar de una persona que trabaja hasta llegar al punto de agotamiento total (véase Colosenses 1:29) y un atleta que lucha en la arena a fin de ganar el codiciado premio (véase 1 Corintios 9:25). Describe al soldado que pelea por su vida misma (véase 1 Timoteo 6:12) y al hombre que lucha para defender a un amigo de peligro (véase Juan 18:36). Todo el cuadro es de una participación intensa, y fue así que oraba Pablo. ¡Qué ejemplos más dignos de imitar vemos en las oraciones de Pablo y de Epafras!

La oración de fe

En páginas anteriores me he referido a la oración de fe. En la oración, como en todos los demás aspectos de la vida cristiana, no hay sustituto para la fe. "Sin fe es imposible agradar a Dios" (Hebreos 11:6a).

La oración de fe recibe su garantía de las promesas y afirmaciones de Dios en su Palabra, aplicadas a nuestro corazón por el Espíritu Santo. Es una intuición de origen divina, la seguridad de que Dios ha contestado nuestra oración y ha concedido nuestras peticiones. No es el resultado de nuestro esfuerzo por creer, sino una confianza en Dios que viene sin esfuerzo alguno.

Sin embargo, ¿cómo se puede distinguir entre meros deseos naturales y las insinuaciones del Espíritu Santo? Juan nos socorre en esto. "Esta es la confianza que tenemos en él, que si pedimos alguna cosa conforme a su voluntad, él nos oye. Y si sabemos que él nos oye en cualquiera cosa que pidamos, *sabemos que tenemos las peticiones que le hayamos hecho*" (1 Juan 5:14-15, cursivas añadidas).

En primer lugar debemos satisfacernos de que nuestra petición está de acuerdo con la voluntad y la Palabra de Dios. Una vez seguros de esto, sabemos que Él nos oye porque creemos que Él es fiel a la Palabra que ha dado. Si es así, Juan dice que sabemos que tenemos nuestra petición; no es que la obtendremos en el futuro, sino que la tenemos ahora.

El disfrute de la bendición pedida pudiera estar en el futuro, pero la fe la considera ya como una posesión. Marcos 11:24 da más confirmación: "Les digo: Todo lo que pidan en oración, crean que ya lo han recibido y será suyo." Note, sin embargo, que será imposible hacer la oración de fe por cualquier cosa que esté fuera de la voluntad de Dios. El cristiano que ora puede creer para recibir todo lo que sanciona la Palabra de Dios y de lo cual da testimonio su Espíritu. Es en el ambiente de la oración que el Espíritu Santo alimenta y desarrolla nuestra fe y hace posible que creamos. Por otra parte, también es mediante la oración que el Espíritu Santo nos indica que lo que deseamos no es la voluntad de Dios para nosotros.

Un ejemplo típico

En *The Diary of George Müller* [Diario de George Müller] se relata un ejemplo típico de la oración de fe. Escribe:

> Esto es tal vez de todos los días el más notable en lo que toca a los fondos. Cuando estaba en oración esta mañana respecto a ellos, *fui capacitado a creer firmemente* que el Señor enviaría ayuda, aunque todo parecía oscuro en cuanto a las apariencias naturales. A las doce del mediodía, como de costumbre, me reuní con los hermanos y hermanas en oración. Había llegado sólo un chelín, el cual, con excepción de dos centavos, ya se había gastado debido a la gran necesidad...
>
> En las casas de bebés y muchachos huérfanos no había suficiente pan para la merienda, ni dinero para comprar leche. Nunca habíamos tenido tanta escasez. Nos entregamos unánimes a la oración, sencillamente exponiendo el caso ante el Señor. Continuamos un rato en oración silenciosa.

La madurez en la vida de oración 79

Por fin nos levantamos de las rodillas. Dije: "Con toda seguridad Dios enviará ayuda." La palabras apenas habían pasado por mis labios cuando vi una carta sobre la mesa, la cual habían traído mientras orábamos. Vino de mi esposa y contenía otra carta, la cual contenía diez libras para los huérfanos. La oración de fe recibió su recompensa.[1]

---

[1] A. Rendle Short, ed., *The Diary of George Müller* (Grand Rapids, Michigan: Zondervan Publishing House, 1972), p. 72.

9

LA MADUREZ MEDIANTE TENTACIÓN Y PRUEBAS

> No os ha sobrevenido ninguna tentación que no sea humana; pero fiel es Dios, que no os dejará ser tentados más de lo que podéis resistir, sino que dará también juntamente con la tentación la salida, para que podáis soportar.
>
> 1 Corintios 10:13

La tentación es una experiencia constante en la vida. "No hay nadie tan bueno que sea inmune a la tentación — escribió Tomás de Kempis —. Nunca estaremos completamente libres de ella... No hay ninguna orden tan santa, ningún lugar tan secreto, donde no haya tentaciones."[1]

Como el cristiano vive en un ambiente de tentación constante, ningún estudio del asunto de la madurez espiritual sería completo sin tomar eso en cuenta. El creyente maduro es el que ha aprendido a enfrentarse a la tentación y ha salido airoso.

La palabra "tentación" se deriva de la palabra latina *temptare*, que tiene el significado: "probar, hacer prueba de". No fue sino hasta mucho después que llegó a ser común el significado de "seducir".

En el campo de la tentación, hay dos palabras griegas y dos palabras hebreas que tienen un significado casi paralelo.

Las primeras dos significan "probar, ensayar", como cuando se prueba el metal en un crisol para separar el metal puro de la escoria. Rara vez se emplea estas palabras en sentido negativo. Denotan pruebas provenientes de Dios. (Se emplea la

---

1 Citado en Bernard Bangley, *Growing in His Image* (Wheaton, Illinois: Harold Shaw Publishers, 1983), p. 35.

palabra hebrea en Proverbios 17:3 y 1 Crónicas 29:17. La palabra griega ocurre en 1 Corintios 3:13 y 1 Pedro 1:7.) Aunque la prueba misma puede ser severa, su fin es detectar aleación, no demostrar la impureza del metal.

El segundo par de palabras sugiere la idea de "sondar para descubrir los puntos débiles". Se pueden decir de amigos o de enemigos, de motivos buenos o malos. La palabra hebrea se emplea con referencia a poner a prueba a Dios en Éxodo 17:7. La palabra griega expresa la idea de hacer prueba de alguien para averiguar qué de bien o de mal hay en él. Paulatinamente llegó a significar "importunar o tentar a hacer mal". Ambos significados están presentes en Hebreos 2:18: "Pues en cuanto él mismo padeció siendo tentado, es poderoso para socorrer a los que son tentados."

Las pruebas y la tentación pueden venir o de Dios o de Satanás. Dios prueba; el diablo tienta. Dios nunca tienta al hombre a pecar. "Dios no puede ser tentado por el mal, ni él tienta a nadie" (Santiago 1:13). Cualesquiera pruebas que Él permita siempre tienen en cuenta nuestro mayor bien. Satanás tienta a fin de lograr nuestra caída y perdición. La tentación de nuestro Señor en el desierto combinó prueba y tentación.

Vías de tentación

Los maestros de la "vieja escuela" decían que hay tres etapas de cada pecado: la sugerencia, el deleite y el consentimiento. El pecado no comienza con la sugerencia; el pecado comienza sólo cuando se acaricia la sugerencia y se la pone en práctica.

Es significativo que los mismos tres elementos aparecieron tanto en la tentación del primer Adán en Edén como en la del postrer Adán en el desierto.

Un estudio de las tres tentaciones de Cristo indica que fueron tentaciones representativas que cubren toda la gama del deseo humano. Cuando el autor del libro de Hebreos escribió: "Tenemos un sumo sacerdote . . . que fue tentado en todo según nuestra semejanza", no quería decir que Jesús experimentó cada tentación específica que los hombres y las mujeres han sufrido en todas las épocas. Por ejemplo, ¿cómo pudo haber sufrido las tentaciones peculiares de la era espacial?

El significado es que la tentación lo acometió por todas las vías por las cuales puede alcanzar nuestra naturaleza humana. Las circunstancias ambientales y condiciones incidentales pueden variar mucho, pero en esencia, las tentaciones son fundamentalmente las mismas para todos los hombres y mujeres de todas las épocas.

Se ha sugerido que la tentación nos ataca por tres vías principales, y todas las demás tentaciones son sólo variantes de éstas.

La primera vía es *el apetito, el deseo de disfrutar de las cosas*. Juan denomina esto "los deseos de la carne" (1 Juan 2:16). El primer intento de Satanás por tentar a Jesús fue en la esfera *física* (véase Mateo 4:2-3). Estimuló un deseo natural y legítimo, pero presionó al Señor para que fuera más allá de los límites puestos por Dios. El enfoque de la tentación no fue el derecho de Cristo de satisfacer su hambre, sino su sumisión a la voluntad de Dios. El haber cedido al señuelo de Satanás habría significado satisfacer un deseo legítimo de manera ilegítima. Satanás fue frustrado en este intento.

La segunda vía es *la ambición, el deseo de lograr cosas grandes, de ser un personaje* (véase Mateo 4:5-6). Juan designa esto "la vanagloria de la vida" (1 Juan 2:16). El segundo intento del diablo por tentar a Jesús fue en la esfera *mental*. Se concentró en la confianza de nuestro Señor en su Padre. Satanás desafió a Cristo a mostrar su fe haciendo prueba de la promesa de su Padre; pero Jesús respondió que el hacerlo sería presunción, no fe. Una vez más se negó a ir más allá de los límites que Dios le había dado.

La tercera vía por la cual la tentación puede alcanzar al hombre es *la avaricia, el deseo de obtener cosas* (véase Mateo 4:8-11). Juan denomina esto "los deseos de los ojos" (1 Juan 2:16). La avaricia es ceder a la tentación de poner las cosas en el lugar de Dios. Satanás exigió que Jesús le otorgara el lugar que le corresponde sólo a Dios. El enfoque de esta tentación fue la posibilidad de que Cristo pudiera lograr su objetivo y obtener su reino sin la angustia y la agonía de la cruz.

Una vez más el Señor desenvainó la espada del Espíritu y derrotó al tentador. Después de fracasar en su intento de asaltar la ciudadela de la lealtad de Cristo y su obediencia a su Padre, el diablo lo dejó, pero sólo "por un tiempo".

Es por estas tres vías — apetito (hambre, sed y sexo), ambición (el anhelo de posición y poder) y avaricia (la pasión de acumular posesiones) — que las tentaciones vienen a las personas en la actualidad también. Pero cuando nuestro Señor venció a Satanás en los tres aspectos, hizo posible que nosotros también venzamos en esas esferas.

Por nosotros bautizado, soportó
su santo ayuno y hambre pasó;
por nosotros conoció tentaciones fuertes,
por nosotros derrotó al tentador.

Montes fríos y el aire de la medianoche
presenciaron el fervor de tu oración;
el desierto conoció tus tentaciones,
también tu conflicto y tu victoria.

Anónimo

Bendición mediante la tentación

"Ningún cristiano — no importa la madurez de su experiencia, ni lo firme de su carácter ni lo fecundo de su servicio — pasará nunca más allá de la posibilidad de volverse atrás."

Esas solemnes palabras de advertencia no exageran la realidad. Puesto que seremos tentados hasta el día de la muerte, el cristianismo debe poder dar la respuesta a la diaria tentación en todas sus formas. Y efectivamente la da.

Las tentaciones a menudo son una bendición disfrazada. Según lo dijo Tomás de Kempis: "La tentación puede servirnos. Pudiera ser una carga, pero puede traernos humildad y enseñarnos buenas lecciones. Todos los santos experimentaron una abundante cantidad de pruebas y tentaciones, y como resultado crecieron."[1] Dios usa a Satanás para fines de santificación.

Sir Isaac Newton dijo una vez que las pruebas son medicinas que receta nuestro sabio Médico porque las necesitamos. Receta la cantidad y la proporción correcta que indica el caso. Todas

---

1 Ibíd.

nuestras tentaciones son ajustadas por Dios. Nunca serán tan largas o intensas que excluyan la posibilidad de victoria.

El pasaje al principio de este capítulo es la afirmación bíblica típica acerca de la tentación, y lo precede la advertencia: "El que piensa estar firme, mire que no caiga" (1 Corintios 10:12). Asegura que hay una salida a la tentación así como una entrada. La llave de la victoria está colgada cerca de la puerta. Tenemos la responsabilidad de usarla. La vía de escape es siempre la misma: el Cristo en quien confiamos.

> ¡Tentado y probado!
> Ah, la terrible marea
> puede ser violenta y profunda,
> puede ser iracunda y ancha;
> pero su furia es vana
> pues el Señor la contendrá.
> Eternamente y para siempre
> Jehová reinará.
>
> Frances R. Havergal

El voto de confianza de Dios

Dios expresa su confianza en que sus hijos que tienen fe en Él podrán sobrevivir a la prueba. Se enfatiza su fidelidad a su Palabra antes de la promesa de que no nos dejará ser tentados más de lo que podemos resistir. Con esta confianza, nos toca a nosotros confiar reposadamente en que Él guardará su Palabra. Él nunca permitirá que sus hijos lleguen a un punto donde el pecado sea inevitable, pues el pecado no es una necesidad fatalista para el creyente.

> ¡Tentado y probado!
> Hay uno a tu lado,
> y nunca en vano
> confiarán sus hijos.
> Él salvará y defenderá
> pues ama hasta el fin.
> Maestro adorable
> y amigo glorioso.
>
> Frances R. Havergal

La extensión de la tentación

Podemos comprender mejor los métodos de nuestro adversario mediante un estudio de las tentaciones representativas de nuestro Señor.

Las pruebas vinieron después de un tiempo de gran bendición. En el momento del bautismo de Cristo y el descenso del Espíritu, su Padre había expresado su ilimitada aprobación de su Hijo (véase Mateo 3:17). *"Entonces* Jesús fue llevado por el Espíritu al desierto, para ser tentado por el diablo" (Mateo 4:1). Después de la paloma, el diablo. Después de la bendición, la batalla. A menudo esta es la secuencia, y así ha sido a través de los siglos.

Las pruebas vinieron en un medio inhóspito: el desierto. El hecho de que hayamos experimentado un tiempo de gran bendición no cambia la realidad de volver a hacer frente a condiciones difíciles. En realidad, nuestras circunstancias pueden empeorar. Podemos recibir ánimo del hecho de que Jesús demostró el cuidado de su Padre aun en la soledad del árido desierto.

Las pruebas vinieron cuando el cuerpo de Cristo estaba débil por ayuno. Resulta más fácil hacer frente a la tentación cuando estamos en máximo estado físico, pero el diablo es un luchador sucio. Se deleita en lanzar sus dardos de fuego cuando estamos fatigados y presionados. Las leyes de la naturaleza todavía se aplican aun cuando estamos participando en el servicio del Señor, y debemos tener cuidado de guardarnos contra un imprudente gasto de energía física y nerviosa.

Algunas tentaciones vienen sin buscarlas y en el curso corriente de nuestra vocación. De éstas no tenemos la culpa. Voluntariamente entramos en otras tentaciones cediendo a impulsos incorrectos. Éstas son censurables. José fue un ejemplo del primer caso, y David del segundo.

La tentación y la victoria de José

La prueba y tentación críticas de José vinieron completamente imprevistas y en el curso de sus deberes corrientes como mayordomo de Potifar. Al entrar en la casa en una oportunidad, la esposa del amo de José intentó seducirlo (véase Génesis 39).

Las circunstancias hicieron muy fácil la capitulación pero sumamente difícil el triunfo de la virtud.

Todo favorecía la capitulación. Satanás había escogido el momento óptimo para lanzar su asalto. José vivía lejos de su hogar y estaba desesperadamente solitario. Vivía en una sociedad perversa y licenciosa. La tentación ganó poder de ser inesperada. Vino en un momento en que su influencia con su amo estaba en su cenit. Estaría provechoso para él quedar bien con la esposa de su amo.

José no tuvo tiempo para prepararse para el choque; la tentación no espera que nos pongamos nuestra armadura antes de atacar. Si esperamos hasta que venga la tentación antes de decidir cómo actuaremos, habremos esperado demasiado. Es tan imprevisible como un relámpago. No es difícil imaginar el tumulto de emociones en un joven de veintisiete años, en el apogeo de su virilidad.

Como si estos factores no fueran suficientes, la tentación fue renovada día tras día. Una cosa es una tentación única y repentina. Pero cuando se repite todos los días, esa es otra cosa completamente. Muchos que resisten al principio sucumben al final. La persistencia a menudo agota la resistencia.

Pero José salió de esta tremenda prueba con la virtud inmaculada porque se negó a acariciar siquiera por un momento cualquier sugerencia que lo induciría a pecar contra su Dios. "¿Cómo, pues, haría yo este grande mal, y pecaría contra Dios?" le dijo a su tentadora.

¡El diablo escoge la ocasión más propicia para atacar! "No había nadie de los de casa allí" (Génesis 39:11). La seguridad de José estaba en su deseo de quedar bien a la vista de Dios en vez de a los ojos de la esposa de su amo. Esto resultó ser un baluarte en medio de la tormenta que bramaba dentro de él. El pueblo de Dios siempre está motivado por principios, no por la conveniencia. José tuvo que pagar un precio alto por su pureza, pero al final recibió una recompensa magnífica.

De este ejemplo típico de la tentación que da por resultado triunfo, podemos aprender varias lecciones, especialmente acerca del pecado sexual. En primer lugar, la tentación misma no es pecado, pues Jesús fue tentado, y Él no pecó. La tentación se convierte en pecado sólo cuando la acariciamos y nos rendimos a ella. En segundo lugar, el deseo sexual en sí no es malo. En tercer lugar, es posible satisfacer un deseo legítimo de fuentes ilegítimas, y esto constituye pecado. Para el beneficio del individuo y de la sociedad en conjunto, Dios ha fijado límites claramente definidos en este campo. Infringirlos trae culpa y castigo. Entrar voluntariamente en tal tentación es perder todo derecho a ayuda divina. Como la prueba de José vino en el curso de sus deberes, pudo reclamar y esperar la ayuda de Dios en el momento de necesidad.

Tal como en el caso de José, a veces el único proceder seguro es huir. José ganó su victoria final poniendo pies en polvorosa, sean cuales fueran las consecuencias, y así escapó de la zona de tentación. La lección es que debemos matar la serpiente, no acariciarla.

La tentación de David

Cuán diferente fue el caso del rey David cuando se enfrentó a una tentación semejante. En el caso de David, la tentación dio por resultado una derrota ruinosa. El aspecto solemne de la historia está registrado en 2 Samuel 11.

Si, como nos hacen creer los salmos, David fue un verdadero hombre de Dios, ¿cómo se puede explicar los fuertes contrastes entre las reacciones de José y las de David ante la misma tentación? La respuesta es en parte que, por contraste con José, *David estaba condicionado a caer.* Al dar instrucciones a Israel en cuanto a la conducta del rey que tendrían, Dios había dicho: "Ni tomará para sí muchas mujeres, para que su corazón no se desvíe" (Deuteronomio 17:17). David había desobedecido y tomado muchas mujeres, así que estaba debilitado por su desenfreno anterior.

La caída de David ocurrió en un momento de abundante éxito y prosperidad, cuando es menos probable que uno esté rigurosamente disciplinado. La prosperidad no es un pecado, pero siempre es una prueba severa. La tentación de David tuvo lugar en un tiempo de indolencia y pereza, después de una siesta indebidamente prolongada. Fue "el tiempo que salen los reyes a la guerra". Si David no hubiera descuidado sus responsabilidades como rey, la tentación no habría surgido.

David sin duda podía justificar el quedarse en casa. ¿No se había ganado el derecho de un poco de ocio? ¿No podía el rey caminar en su techo y disfrutar de la belleza de los jardines circundantes, si así deseaba? En este estado de debilidad y abandono, la tentación fatal de David le vino en forma de una mujer hermosa.

José triunfó donde David sucumbió porque aquél andaba en armonía con Dios y en el curso normal de su deber. David cayó porque había perdido contacto con Dios y descuidaba sus deberes de rey. Sí, David experimentó una satisfacción momentánea, pero sus acciones conllevaron remordimiento por el resto de su vida y tragedia familiar. Las consecuencias en la vida de estos dos hombres ofrecen pruebas abundantes que la virtud y la santidad proporcionan beneficios grandes y tangibles hasta en este mundo, pero el pecado paga un sueldo amargo.

José fue un joven que mostró una madurez poco usual en su actitud hacia la tentación, y ofrece un modelo para generaciones posteriores. David fue un santo anciano y maduro cuya caída advierte que la madurez espiritual no es sinónimo con la edad y que se puede perder mediante el pecado.

"Algunas personas rechazan las dificultades o niegan su existencia — escribió Charles Sell —. Muchas se avergüenzan de sus luchas, debido a la actitud prevaleciente de que la vida cristiana debe estar libre de problemas . . . Confundimos el ser salvos del pecado con ser salvos de la lucha. Pero la fe no nos excusa de la batalla; nos prepara para hacer frente a ella"[1]

---

1 Charles Sell: "How to Faith It", *Moody Monthly* (Marzo 1978), p. 40.

10
REACCIONES MADURAS A LAS CIRCUNSTANCIAS

Me alegro muchísimo en el Señor de que al fin hayan vuelto a interesarse en mí. Claro está que tenían interés, sólo no tuvieron la oportunidad de demostrarlo. No digo esto porque esté necesitado, pues *he aprendido a contentarme en cualquier situación en que me encuentre.* Sé lo que es pasar necesidad, y lo que es disfrutar de abundancia. *He aprendido el secreto de estar satisfecho en todas y cada una de las circunstancias,* tanto de estar bien alimentado como de tener hambre, de vivir en la abundancia como de sufrir escasez. Todo lo puedo en Cristo que me fortalece.

Filipenses 4:10-13 (NVI),
cursivas añadidas

Pablo, quien escribió esas palabras asombrosas, demostró que había alcanzado una etapa avanzada de madurez espiritual. Para nuestra consolación, se debe señalar que no afirmó: "*Siempre* he estado satisfecho en todas y cada una de las circunstancias", sino "he *aprendido* el secreto de estar satisfecho" Sin duda las lecciones habían continuado durante un tiempo considerable, pero lo alentador es que había aprendido y dominado el secreto.

Si Pablo podía aprender contentamiento, nosotros también podemos hacerlo. Dios no tiene favoritos, y Pablo no tenía recursos que no estén disponibles para nosotros. Sólo hace falta repasar algunas de las circunstancias adversas en la lista de 2 Corintios 11:23-29, de las cuales Pablo salió airoso, para apreciar la magnitud de su triunfo.

¿Son ministros de Cristo?... Yo más; en trabajos más abundante; en azotes sin número; en cárceles más; en peligros de muerte muchas veces. De los judíos cinco veces he recibido cuarenta azotes menos uno. Tres veces he sido azotado con varas; una vez apedreado; tres veces he padecido naufragio.

2 Corintios 11:23-25

Esa es sólo una selección de sus sufrimientos. En Romanos 8:35-37 enumera siete de las peores circunstancias imaginables que pudiéramos encontrar — tribulación, angustia, persecución, hambre, desnudez, peligro, espada — y entonces agrega la conclusión triunfante: "En todas estas cosas somos más que vencedores por medio de aquel que nos amó" (Romanos 8:37, cursivas añadidas). Qué insignificantes parecen nuestras circunstancias difíciles cuando las comparamos con lo que padeció Pablo; sin embargo, con mucha frecuencia ellas nos vencen y nos deprimen. Acordémonos de que podemos recurrir a los mismos recursos que usó Pablo, y en nuestra medida podemos salir victoriosos sobre nuestras tribulaciones tal como lo hizo él.

La madurez revelada en reacciones

Se refleja nuestra madurez con más precisión en nuestras actitudes y reacciones espontáneas a nuestras circunstancias, especialmente las desagradables e inesperadas. La madurez de Pablo brilló en sus reacciones a sus encarcelamientos injustos. En la cárcel interior de Filipos, con sus pies en el cruel cepo, él y Silas cantaron himnos en la noche.

Cuando después Pablo estaba encarcelado otra vez y escribió su carta a los Filipenses, lejos de lamentar sus circunstancias, su motivo principal fue: "Regocijaos en el Señor siempre. Otra vez digo: ¡Regocijaos!" (Filipenses 4:4). Se fortalecía y animaba sabiendo que Dios todavía estaba sobre su trono y que él estaba seguro en las manos de su Padre.

La palabra "aprendido" que empleó Pablo es la palabra normal para aprender en la escuela. El niño aprende añadiendo nuevos conocimientos a lo que ya ha aprendido; el discípulo tiene que aprender de exactamente la misma manera. Ni siquiera el Hijo de Dios pudo pasar por la vida vestido en nuestra humanidad sin someterse al proceso de aprendizaje. "Aunque era Hijo, por lo que padeció aprendió la obediencia" (Hebreos 5:8). ¿El resultado? "Habiendo sido perfeccionado [hecho maduro], vino a ser autor de eterna salvación para todos los que le obedecen" (Hebreos 5:9).

Nos corresponde a nosotros, los que deseamos crecer en la madurez, someternos a la experta tutela del Maestro Divino y procurar con diligencia dominar las lecciones que Él sabe que necesitamos aprender. La actitud de Pablo no fue la del fatalista ni del estoico que acepta lo inevitable. Más bien, fue la actitud de aceptación alegre. "Por amor a Cristo me gozo en las debilidades, en afrentas, en necesidades": las mismas cosas que daríamos cualquier cosa para evitar. Entonces reveló su secreto: "Porque cuando soy débil, entonces soy fuerte" (2 Corintios 12:10).

La reacción del lector a lo anterior bien pudiera ser: "Pero eso fue Pablo, el apóstol de muchos dones. Yo no soy ningún Pablo. Tales alturas tan encumbradas están muy por encima del nivel que yo pueda lograr." Pero la verdad es que muchas personas comunes y corrientes han experimentado los mismos triunfos aprendiendo bien el secreto de Pablo.

Triunfo sobre las circunstancias

Es bien posible que aun después de ganar la victoria sobre pecados dominantes, nos arrasen nuestras circunstancias: enfermedad, aflicción, ansiedad, reveses económicos, envejecimiento, problemas matrimoniales y familiares, o debilidad física. Sería poco realista negar el patetismo del sufrimiento que generan tales circunstancias. Sin embargo, la historia bíblica y la experiencia de un gran número de cristianos contemporáneos muestran que hombres y mujeres débiles y falibles tales como nosotros han podido remontarse sobre las circunstancias que los limitan.

Aunque genuinamente deseemos crecer en el conocimiento de Dios, la mayoría de nosotros insiste en elaborar nuestro propio programa de estudios. Queremos dictar nuestro plan de estudios. Pero nuestro benéfico y omnisciente Padre no tratará por todos los medios de satisfacer nuestros endebles deseos. Nos ama demasiado como para permitirnos estafarnos sus bendiciones más exaltadas.

"Dios pudo haber evitado que Sadrac, Mesac y Abed-nego fueran echados en el horno de fuego ardiendo — escribió Ruth Paxson —; pero en vez de eso les permitió estar en él con el fuego siete veces más caliente de lo acostumbrado. ¿Pero qué hizo? ¡La llama les quitó los grillos! ¿Queremos que desaparezcan nuestros grillos? '¡Oh sí!' gritamos, 'pero no en el horno de fuego ardiendo. Que de alguna manera se los quite afuera! No lo queremos tanto.' "[1]

Sin embargo, fue en las abrasadoras llamas del horno que el Señor bajó y caminó con sus tres siervos leales. Si de veras queremos conocer a Dios de una manera más que superficial, debemos fijarnos con cuidado en el hecho de que la nueva revelación de Dios les vino *dentro* del horno de fuego ardiendo. Nosotros tampoco la experimentaremos fuera de él.

> Él te colocó dentro de este danza
> de circunstancias plásticas
> maquinaria destinada exclusivamente
> a dar a tu alma su inclinación.
>
> Robert Browning

La disciplina no es agradable

En su acostumbrado estilo realista, los escritores bíblicos no embellecen el proceso de disciplina. "Es verdad que ninguna disciplina al presente parece ser causa de gozo, sino de tristeza; pero después da fruto apacible de justicia a los que en ella han sido ejercitados" (Hebreos 12:11). Todos codiciaríamos la experiencia de "más tarde", si sólo se pudiera eliminar o suavizar lo que va antes. Pero no puede ser así.

Quisiéramos conocer lo que es tener el poder de Dios en nosotros y en nuestro servicio, pero no a costa del sufrimiento de alguna desventaja restrictiva. Sin embargo, Pablo llegó al punto donde efectivamente podía jactarse de sus debilidades y regocijarse en ellas a fin de que el poder de Cristo permaneciera

---

1 De un folleto por Ruth Paxson.

sobre él. ¿Cómo llegó a ese punto? Aceptando sin quejas el doloroso "aguijón en la carne", el cual Dios le dio para evitar que él fuera engreído (2 Corintios 12:7-10). Pablo no dijo que le *gustaba* el aguijón, sino que *se regocijaba* en él. Estaba contento con la debilidad si quería decir que experimentaba más del poder de Cristo.

Nuestra actitud hacia las circunstancias

La mayoría de nosotros brillamos más al salir de circunstancias difíciles y penosas. Pablo brillaba más cuando estaba en medio de ellas. ¿Cuál fue su secreto?

Aceptación, no rebelión

Cualquiera puede resistir a Dios o rebelarse contra Él, y acusarlo de no tratarlo de modo justo. "¿Por que me ha de pasar esto a mí?" decimos protestando. El cristiano maduro acepta la enseñanza bíblica de que nada sucede aparte del permiso divino, aun cuando la razón no sea inmediatamente aparente. Esa actitud hace posible que el creyente maduro discierna que la voluntad de Dios es en realidad buena, agradable y perfecta.

Contentamiento, no quejas

Cualquiera puede quejarse por lo que permite Dios. Sólo el cristiano maduro conoce el contentamiento en medio de eso. Como nación, los hebreos se quejaban continuamente, una cualidad que desfiguraba su historia. La misma cualidad es evidente en muchos creyentes inmaduros hoy día. En la iglesia y en casa son por lo general ellos los que se quejan o que están en el centro de la discordia.

En una parte de México las mujeres pueden lavar su ropa en fuentes calientes y frías que están muy cercas. Mientras observaba las mujeres un día, un turista comentó a su guía:

— Me imagino que las mujeres creen que la señora naturaleza es muy buena con ellas.

— No, es precisamente lo contrario — fue la respuesta —. ¡Se quejan mucho porque no hay jabón!

El creyente creciente tiene en cuenta el mandato: "Conténtense con lo que tienen" (Hebreos 13:5, NVI) y prueba en la experiencia que "gran ganancia es la piedad acompañada de contentamiento" (1 Timoteo 6:6). El creyente maduro asiente al hecho de que si la voluntad de Dios es "perfecta", es inmejorable, y por lo tanto puede estar contento.

Confianza, no ansiedad

La reacción natural ante circunstancias difíciles o amenazantes es tener un exceso de preocupación y ansiedad. Antes yo tenía en la pared de mi oficina un lema que decía: *"¿Por qué orar cuando puedes preocuparte?"* Muchas visitas que lo leían pensaron que había un error de redacción. Pero yo les señalaba que el lema reflejaba con demasiada exactitud la actitud de muchos cristianos que se encontraban en circunstancias difíciles.

¿No hemos demostrado que la calamidad que preveíamos y por la cual nos preocupábamos nunca llegó a producirse? Sin embargo, continuamos en nuestro hábito de preocupación, el cual provoca úlceras y nos quita la tranquilidad. La homilía de nuestro Señor sobre el "afán" en el Sermón del monte enfatizó que la preocupación es innecesaria, vana y desleal. Peor aún, es pagana (Mateo 6:32).

Hudson Taylor de China afirmó que "debe haber para nosotros una sola circunstancia en la vida, y esa circunstancia es DIOS". La ansiedad proviene de la falta de sosegada confianza en nuestro Dios amoroso y omnipotente.

11

EL FUEGO DEL ESPÍRITU QUE PRODUCE MADUREZ

> En aquel día el retoño de Jehovah será hermoso y glorioso, y el fruto de la tierra será el orgullo y el esplendor de los sobrevivientes de Israel... Así será cuando el Señor lave la inmundicia de las hijas de Sion, y elimine la sangre de en medio de Jerusalén, con espíritu de juicio y con espíritu consumidor. Entonces sobre todo lugar del monte Sion y sobre sus asambleas, Jehovah creará nube y humo de día, y resplandor de fuego llameante de noche. Porque sobre todos habrá una cubierta de gloria.
>
> Isaías 4:2,4-5 (RVA)

En este capítulo optimista, el profeta Isaías prevé un día en que los habitantes restantes de Jerusalén serían hermosos y gloriosos, limpios y santos, un día en que toda la suciedad y la inmundicia serían purgadas. Al agente en este proceso de limpieza lo llama el "Espíritu de juicio" y el "Espíritu consumidor".

Como las Escrituras emplean con tanta frecuencia el símbolo de fuego para representar al Espíritu Santo, no hace violencia al texto ver aquí una referencia a su actividad. Como el espíritu de juicio, convence la conciencia del pecado y de la inmundicia. Como el espíritu consumidor, trata con las impurezas reveladas y las consume. El concepto de ser quemado por un espíritu es obviamente alegórico, pero lo explica el Nuevo Testamento.

De todas las fuerzas naturales, el fuego es la más terrible y pasmosa. La gente de todas las religiones y todas las razas en todas las eras de la historia han tenido temor y respeto supersticiosos de él. Los parsis de la India todavía adoran el fuego con veneración fanática.

El símbolo ocurre cuatrocientas veces en el Antiguo Testamento y setenta y cinco veces en el Nuevo, y casi todas las referencias están vinculadas con la presencia y el poder de Dios como llama viviente y ardiente. Así como el sol es la fuente de poder en la esfera terrestre, así también lo es el Espíritu Santo en la esfera espiritual.

Los himnos están repletos de tales referencias:

> Ven, Espíritu ardiente, ven,
> he aquí, extendemos las manos hacia ti;
> del Padre al Hijo,
> déjanos ahora ver tu gloria.
>
> Caroline Fry

> Fuego refinador, pasa por mi corazón,
> ilumina mi alma;
> esparce tu luz en todas partes
> y santifica la totalidad.
>
> Carlos Wesley

> Oh tú que viniste de arriba
> para impartir el puro fuego celestial,
> enciende un fuego de amor sagrado
> en el rudo altar de mi corazón.
>
> Carlos Wesley

Juan el Bautista les anunció a quienes acudían a él para ser bautizados: "Yo a la verdad os bautizo en agua para arrepentimiento; pero el que viene tras mí, cuyo calzado yo no soy digno de llevar, es más poderoso que yo; él os bautizará en Espíritu Santo y fuego" (Mateo 3:11). En ese pasaje no da a entender que el fuego sea un agente distinto, diferente del Espíritu Santo, sino que describe la poderosa influencia purificadora del Espíritu.

Así que está en armonía con el tenor de las Escrituras ver en el símbolo del fuego la actividad del Espíritu Santo como el espíritu de fuego, de quemar. Cuando se cumplió la profecía de Isaías en el día de Pentecostés, el fuego no fue punitivo, sino purificador, de la misma manera que el carbón encendido purificó los labios de Isaías (véase Isaías 6:6-7).

La función del fuego de producir madurez se ilustra en tres procesos descritos en la Biblia, cada uno de los cuales contribuye a completar el carácter cristiano.

El fuego abrasador del agricultor

Él os bautizará en Espíritu Santo y fuego. Su aventador está en su mano, y limpiará su era; y recogerá su trigo en el granero, y quemará la paja en fuego que nunca se apagará.

Mateo 3:11b-12

El significado de la declaración de Juan el Bautista lo habrían comprendido rápidamente sus oyentes, que constantemente observaban el proceso de trillar. Es bien posible que en ese mismo momento miraban a un agricultor que hacía lo que describió Juan. La era por lo general estaba en un lugar barrido por el viento. El agricultor levantaba el grano con una gran horca de madera, llamada aventador, y lo tiraba al aire una y otra vez hasta que el viento se llevaba las ligeras barcia y paja, mientras que el pesado grano caía al suelo. Se almacenaba el grano en un granero, y se quemaba la paja. Eso es lo que significa "limpiará su era". El propósito de la operación fue conservar lo valioso y destruir lo inútil.

La trilla liberaba el grano de todo lo que disminuiría su valor o impediría su utilidad como alimento. El cascabillo, que anteriormente había sido absolutamente esencial para su desarrollo, ahora se había convertido en una desventaja. Había cumplido su función. Ahora había que separarlo del grano y quemarlo, o el viento pudiera llevarlo al grano otra vez y echar a perder la calidad de éste.

En toda nuestra vida hay lo bueno y valioso que viene de Dios así como lo malo que viene del diablo o de nuestros propios corazones perversos. Las ayudas y "chupetes" que son propios de la infancia espiritual no son adecuados para la madurez, y en efecto se convierten en estorbos. Para lograr una separación de lo valioso de lo inútil, el medio empleado es el ministerio ardiente del Espíritu Santo a quien Isaías llama "espíritu consumidor". Hay que quitar lo inútil para beneficio de la madurez.

¿No fue eso, en parte, lo que sucedió en el día de Pentecostés? El Espíritu consumió el cobarde pavor de los discípulos y los hizo tan valientes como leones. El Espíritu incineró su incredulidad y los hizo "llenos de fe y del Espíritu Santo". El Espíritu quemó su egoísmo y en su lugar encendió en sus corazones una llama impetuosa de amor abnegado.

> Oh, que en mí el fuego sagrado
> comenzara ahora a resplandecer;
> que queme la escoria del vil deseo
> y haga fluir los montes.
>
> Carlos Wesley

La expresión "quemará la paja en fuego que nunca se apagará" parece tener resabios de implacabilidad. Pero ¿no están algunos pecados tan profundamente arraigados que sólo semejante tratamiento severo y radical servirá para limpiar corazón y vida? El Agricultor celestial nos ama demasiado para permitirnos quedar pegados a nuestros chupetes infantiles, así que deja que los fuegos de aflicción hagan su trabajo, pero siempre bajo la comprensiva supervisión del Espíritu Santo.

¿Todavía hay paja en la era de nuestra vida que se ha de consumir?

El fuego purificador del refinador

He aquí, yo envío mi mensajero, el cual preparará el camino delante de mí; y vendrá súbitamente a su templo el Señor a quien vosotros buscáis, y el ángel del pacto, a quien deseáis vosotros. He aquí viene, ha dicho Jehová de los ejércitos. ¿Y quién podrá soportar el tiempo de su venida? ¿o quién podrá estar en pie cuando él se manifieste? Porque él es como fuego purificador, y como jabón de lavadores. Y se sentará para afinar y limpiar la plata; porque limpiará a los hijos de Leví, los afinará como a oro y como a plata, y traerán a Jehová ofrenda en justicia.

Malaquías 3:1-3

El fuego del Espíritu que produce madurez

> Volveré mi mano contra ti, y limpiaré hasta lo más puro tus escorias, y quitaré toda tu impureza.
>
> Isaías 1:25

En esos pasajes se reconocen dos agentes purificadores: el fuego y el jabón. Se pueden quitar las impurezas externas que se adhieren al oro o a la plata usando jabón y agua, pero sólo el fuego puede alcanzar y sacar las impurezas internas — escoria y aleación — empotradas en la mena.

Así que las prácticas externas de la religión pueden quitar las manchas superficiales de nuestra vida y hacernos presentables en lo externo, pero no son capaces de realizar ninguna limpieza de las impurezas internas empotradas en el subconsciente. Nuestro Señor no nos dejó ninguna duda acerca de los males escondidos en todo corazón: "De dentro, del corazón de los hombres, salen los malos pensamientos, los adulterios, las fornicaciones, los homicidios, los hurtos, las avaricias, las maldades, el engaño, la lascivia, la envidia, la maledicencia, la soberbia, la insensatez" (Marcos 7:21-22). Sólo el fuego del Espíritu Santo puede penetrar esas profundidades ocultas. Sólo Él puede tratar de manera eficaz con hábitos y pecados tan arraigados.

El proceso de refinamiento es sencillo, pero exige mucha pericia. El refinador coloca el oro en el crisol que está suspendido sobre un fuego intenso. Mientras se derrite el oro, las impurezas son libradas y suben al superficie. El refinador quita la inútil escoria que disminuiría el valor del oro. Sólo cuando el refinador puede ver su reflejo claramente en el metal líquido está consumado el proceso de purificación.

Desafortunadamente, algunos cristianos nunca experimentan esta profunda limpieza interior del Espíritu Santo y están contentos con la aplicación superficial de jabón y agua que los hace presentables en lo externo. Las enfermedades más profundas del corazón humano están fuera del alcance del psiquiatra.

Cuando nos encontramos en el crisol, podemos consolarnos recordando que es sólo porque el Refinador desea quitar todo lo que impedirá que lleguemos a la madurez completa. El fuego no puede tocar nuestra personalidad esencial, sino que destruirá solamente lo inútil y lo dañino. El fuego del Espíritu puede lograr lo imposible, así como lo hizo en el monte Carmelo (véase 1 Reyes 18:38). Purgará nuestro corazón no sólo de pecados vergonzosos, sino también de pecados "respetables" tales como el orgullo, la envidia, los celos, la crítica y la falta de perdón. En su lugar sustituirá su propio fruto (véase Gálatas 5:22-23).

"¿Por cuánto tiempo tendré que quedarme es este crisol?" es el grito del santo probado. El doctor A. T. Pierson da la respuesta:

> Nuestro padre, quien procura perfeccionar a sus santos en la santidad, conoce el valor del fuego del refinador. Es con los metales más preciosos que el probador se esfuerza más, y los somete al fuego intenso, porque tales fuegos derriten el metal, y sólo la masa líquida libra su aleación y asume perfectamente su nueva forma en el molde.
>
> *El viejo refinador nunca deja su crisol, sino que se sienta junto a él,* no sea que haya un grado excesivo de calor que estropee el metal. Pero tan pronto como espuma de la superficie la última partícula de escoria, y ve su propio rostro reflejado, apaga el fuego. (cursivas añadidas)

El Refinador celestial es lo bastante amable como para no permitir que se apague el fuego hasta que se quite la escoria y se logre su fin benéfico. Como dice Pierson:

> El mismo hecho de prueba demuestra que hay algo en nosotros muy precioso para nuestro Señor; de otra manera no pasaría tanto esfuerzo y tiempo con nosotros. Cristo no nos probaría si no viera la preciosa mena de fe mezclada con la matriz rocosa de nuestra naturaleza. Es para hacer resaltar esta pureza y belleza que nos obliga a pasar por las ordalías de fuego.

El objetivo del agricultor era conservar el grano puro. El propósito del refinador es conservar el oro o la plata puros, libres de toda inútil escoria o aleación. Como esos metales son incombustibles, pueden sobrevivir a la llama más intensa y salir purificados. "Me probará, y saldré como oro", dijo el muy probado Job (Job 23:10b).

Así será con el creyente genuino. Los fuegos de aflicción y pesar no lo abrumarán, sino que lo endulzarán y santificarán.

> Si te hallas probado en ardiente crisol
> mi gracia potente tu fe sostendrá;
> tan sólo la escoria deseo quemar,
> y el oro de tu alma más puro saldrá,
> y el oro de tu alma más puro saldrá.
>
> Jorge Keith

El fuego del alfarero que produce madurez

Palabra de Jehová que vino a Jeremías, diciendo: Levántate y vete a casa del alfarero, y allí te haré oír mis palabras. Y descendí a casa del alfarero, y he aquí que él trabajaba sobre la rueda.

Jeremías 18:1-3

Ahora pues, Jehová, tú eres nuestro padre; nosotros barro, y tú el que nos formaste; así que obra de tus manos somos todos nosotros.

Isaías 64:8

En todas las tierras orientales el alfarero es una figura familiar, con ruedas giratorias, barro maleable, y dedos talentosos debajo de los cuales se moldea el barro para que forme un recipiente de simetría y belleza.

En la parábola de Jeremías, no se menciona el fuego del alfarero, pero es una parte esencial del arte del alfarero. Sin el fuego, el barro blando pronto se hundiría y se volvería una masa informe. Así que Dios somete a sus hijos al fuego de la prueba para que su carácter no se vuelva flojo e informe. Las lecciones que se aprenden en el fuego no se olvidan pronto.

Una vez que el alfarero ha moldeado el recipiente y pintado en él el diseño deseado, lo encierra en una caja a prueba de fuego y lo mete en un horno calentado hasta la temperatura apropiada. En el fuego, se evapora la humedad y se consumen los materiales no deseados, mientras que se graba el color y el diseño. De esa manera el diseño se vuelve permanente.

104 *En busca de la madurez*

Note que el recipiente no entra en el fuego descubierto y sin protección. De igual manera el creyente no está solo en el horno de aflicción. Está rodeado de Dios. "Cuando pases por el fuego, no te quemarás, ni la llama arderá en ti. Porque yo [soy] Jehová, Dios tuyo" (Isaías 43:2b-3a).

Cortland Myers escribe:

> La loza más fina del mundo es quemada por lo menos tres veces, y a veces más; siempre se quema la loza de Dresde tres veces. ¿Por qué pasa por el fuego intenso? Una vez debiera bastar. Dos veces debiera bastar. Pero no, es necesario quemar la loza tres veces a fin de hacer resaltar la belleza del oro y el carmesí, y fijarlos permanentemente en su lugar.
>
> Nosotros somos formados de acuerdo con el mismo principio en la vida humana. Se nos graban las pruebas a fuego: una, dos y tres veces; y por la gracia de Dios se fijan los bellos colores para que se queden allí para siempre.

Se cuenta que el rey Jorge VI de Gran Bretaña en una oportunidad fue a visitar una fábrica de loza. Cuando llegó a un salón, el obrero a cargo llamó la atención del rey sobre un servicio de té negro y dijo:

— Este es el servicio de té que estamos fabricando para el palacio, Majestad.

— Pero no hemos pedido un servicio de té negro — respondió el rey en protesta.

— No, Señor — fue la respuesta —, pero debajo del negro hay oro. Si metiéramos el oro en el fuego sin protección dañaría el servicio. El fuego consume el negro y revela el oro.[1]

Con mucha frecuencia vemos sólo el lado negro de las circunstancias de la vida, pero nuestro Alfarero celestial sabe que el oro está debajo. Sentimos que nuestra vida es monótona y vulgar, y se nos olvida que Dios está controlando el fuego con cuidado a fin de consumir el negro y revelar el oro. Tengamos

---

1 J. Oswald Sanders, *Christ Indwelling and Enthroned* (Londres: Marshall, Morgan & Scott, 1949), p. 38.

paciencia y esperemos hasta que el espíritu que quema haya terminado el trabajo que Dios le ha dado.

El barro está sin forma y, con paciencia,
Dios lo toma en sus manos prodigiosas
para formarlo lentamente a su manera.
Sólo el mundo puede ver lo que yo era;
pero Dios ve lo que puedo ser en el futuro
porque Él mira más allá de las estrellas.

Anónimo

12

EL ATRACTIVO DE LA MADUREZ

Sin embargo, gracias a Dios que siempre nos dirige en desfile victorioso en Cristo y por medio de nosotros esparce por todas partes la fragancia de su conocimiento. Porque nosotros somos para Dios el aroma de Cristo entre los que se salvan y entre los que se pierden. Para éstos somos olor de muerte; para aquéllos, fragancia de vida.

2 Corintios 2:14-16 (NVI)

Fragancia. Aroma. Perfume. ¡Qué asociaciones y memorias más deliciosas evocan esas palabras! "Una parte de la razón del papel único que juega el olor en nuestra vida — escribe Thomas D. Parks — es la gran variedad de reacciones que el mismo perfume evoca cuando lo huelen diferentes personas. Para una pudiera recordar la memoria de unas vacaciones durante la niñez, para otra una caminata junto a un arroyo montañés, y para otras un paseo por el jardín con el ser amado. Así que un perfume puede convertirse en una experiencia muy personal y subjetivo, difícil, si no imposible, de explicar."[1]

Una experiencia transformadora en mi vida tuvo lugar en mi juventud en Pounawea, un pequeño punto de veraneo en el sur de Nueva Zelanda. En la época navideña todo el campo estaba perfumado con la fragancia fuerte y dulce del altramuz amarillo. Nunca puedo oler esa fragancia sin recordar intensamente la sagrada experiencia de aquellos días.

En su excelente folleto *Fragrance Ascending* [La fragancia

---

[1] Citado por George Armerding, *Fragrance Ascending* (Oakland: Western Book Co.), p. 3.

que asciende], George Armerding asevera que se asocia alguna clase de olor con mucho de los grandes acontecimientos de las Escrituras.[1] Cuando nació nuestro Señor, por ejemplo, los magos trajeron regalos de incienso y mirra fragantes. Cuando murió, sus seguidores llevaron cien libras de especias aromáticas con las cuales embalsamarlo.

Movido por el Espíritu Santo, Pablo usó este lindo símbolo de fragancia para ilustrar el poder sutil de la influencia inconsciente del cristiano en medio de las influencias corruptoras del mundo que lo rodea. Pablo también lo usó para ejemplificar la alegría y el placer que puede traer una vida fragante, no sólo a un mundo polvoriento y sucio sino también al Creador mismo. "Somos *para Dios* el aroma de Cristo" (2 Corintios 2:15a, NVI, cursivas añadidas).

La imagen detrás de 2 Corintios 2:14-16 es claramente la procesión triunfal otorgada a un general romano triunfador cuando regresa de una campaña victoriosa. "Gracias a Dios que siempre nos dirige en desfile victorioso en Cristo", exclama Pablo. En esa viva pompa él veía la prefiguración gráfica del triunfo final de Cristo sobre toda oposición en la consumación de los siglos.

Desatento a la coherencia como a menudo lo era, el apóstol se vio en tres papeles en el espectáculo. En primer lugar, se vio como preso derrotado, llevado en cadenas en el progreso triunfal de Cristo. Después, se vio como esclavo que llevaba un humeante incensario de incienso fragante delante del carro del vencedor. Por último, se imaginó a sí mismo y a sus compañeros como el incienso mismo, mientras ascendía de cien incensarios a lo largo de la ruta de la procesión.

¿Qué es esta fragancia?

¿Se trata de la fragancia de las personalidades atractivas de los mensajeros? Seguro que no. Es el encanto y el atractivo de Cristo impartido a ellos por el Espíritu Santo y esparcido en todas partes mediante la palabra que predican. "Por medio de

---

1 Ibíd., p. 14.

nosotros esparce por todas partes *la fragancia de su conocimiento*" (2 Corintios 2:14, NVI, cursivas añadidas). El aroma de Cristo se extendió por su mundo cual una nube de fragante incienso.

> Delicioso el perfume de las rosas,
> pero aún más delicioso
> los encantos incontables
> que revela tu presencia;
> sólo ese nombre, más fragante que la rosa,
> alegra a los que captan su fragancia.
>
> Anónimo

Después que los discípulos habían pasado algún tiempo bajo la tutela del Señor, ¿no se dijo de ellos que "les reconocían que habían estado con Jesús"? (Hechos 4:13). Ejemplificaban la verdad de las palabras de Séneca: "El que frecuenta la tienda del perfumero, y permanece siquiera un poco de tiempo, llevará consigo el aroma del lugar."

"Se decía que extractos del diario de Robert Murray McCheyne son como exhalaciones de un jardín oriental del cual fluye la fragancia de alcanfor y nardo, cálanis y canela, mirra y áloes, con todas las principales especias."[1]

Un gran grupo de mujeres jóvenes que acababan de llegar de sus patrias comenzaban a aprender el idioma chino en la escuela lingüística de la Misión al Interior de China en un ciudad interior de la China. Una mañana la superintendente, la señora Alice McFarlane, entró en la sala de conferencias, pasó caminando por cada pasillo y salió de la sala sin decir palabra. Las señoritas se miraron unas a otras y se preguntaron de qué se trataba. En algunos minutos la superintendente regresó.

— ¿Se fijaron en algo cuando pasé por la sala? — preguntó.

Nadie ofreció una respuesta al principio, y entonces una señorita dijo:

— Me fijé en que usted tenía puesto un perfume fragante.

---

1 Ibíd., p. 52.

— Sí — fue la respuesta —. ¿Dije algo mientras pasaba por la sala?
— No.
— Ustedes han venido a la China para dar a conocer a Cristo a las mujeres de este país, pero son mudas. No les pueden decir palabra, y será mucho tiempo antes que puedan comunicarles el evangelio de manera eficaz, y eso les resultará frustrante. Como se fijaron, no dije palabra, pero sí dejé una fragancia dulce detrás de mí.

"Aunque no puedan hablar con fluidez durante mucho tiempo, si viven cerca del Señor, mientras se mueven entre estas mujeres chinas pueden dejar atrás la dulce fragancia de Cristo.

La procesión triunfal

Una procesión pública fue el honor más alto que una nación agradecida podía otorgar a sus líderes militares victoriosos. Roma concedió tal honor a Tito después de su gloriosa conquista de Jerusalén en 70 d.C. Al principio de su desfile triunfal, como prueba tangible de su alardeado triunfo sobre los judíos y su Jehová, resplandecía el candelero de oro y la mesa de la proposición, los cuales había robado del templo.

Después siguió un toro blanco para sacrificar a los dioses, y entonces los generales, líderes y príncipes capturados. De pie en un carro tirado por cuatro caballos estaba el vencedor ricamente vestido, acompañado de sacerdotes paganos que balanceaban sus incensarios humeantes, impregnando toda la procesión con perfume. La familia de Tito y el ejército terminaron la procesión y llenaron el aire de gritos de triunfo mientras desfilaban por las calles enguirnaldadas.

El cristianismo, una religión de cruzadas

Pablo vio en ese espectáculo brillante un retrato del cristianismo como una religión de cruzadas, encabezada por el Cristo victorioso, que marchaba en triunfo irresistible de continente en continente y de siglo en siglo. Vio el Calvario como el campo de batalla en el cual Cristo logró su triunfo trascendental sobre las concentradas fuerzas del mal. Allí, "despojando a los principados y a las potestades, los exhibió públicamente, triunfando sobre ellos en la cruz" (Colosenses 2:15).

No siempre ha parecido como si Cristo está guiando a su ejército en triunfo. Pero considerado desde una perspectiva más amplia, se verá que en cada intento que ha hecho el adversario para lograr un victoria terminante y final sobre la iglesia, ha fracasado. En la actualidad el cristianismo está experimentando mayores avances y victorias más gloriosas que nunca.

Se han perdido algunos combates de esta campaña multisecular debido a la flaqueza de los guerreros, pero el resultado victorioso de la campaña total está fuera de toda duda. Él "siempre nos dirige en desfile victorioso", nos recuerda Pablo en 2 Corintios 2:14. Cristo cabalga en triunfo con nosotros, sus cautivos, de buena gana encadenados a la rueda de su carro.

Pablo, quien se gloriaba del título "siervo de Jesucristo", se veía también como líder revolucionario que había hecho estragos en la iglesia a causa del impostor Jesús, pero Pablo había sido derrotado de manera humillante. Uno más fuerte que él lo había desarmado, y ahora, encadenado con cadenas de amor, sigue sumisamente en el desfile del triunfo de Cristo. Pablo se convirtió en vencedor al ser vencido.

El aroma de Cristo

"Somos para Dios el aroma de Cristo" (2 Corintios 2:15a). Qué aseveración más audaz... ¡a no ser que sea cierta! En realidad hacemos a Dios pensar en Cristo. Se ha cambiado la figura otra vez, y Pablo y sus compañeros ahora son el perfume fragante, el aroma mismo de Cristo. No sólo llevan y esparcen la fragancia, sino que son el incienso mismo. "Los cristianos somos el aroma inconfundible de Cristo" es la versión ofrecida por J. B. Phillips. Mediante estrecha asociación y creciente comunión con Cristo, las personalidades mismas de Pablo y sus amigos se habían impregnado de la fragancia que impartía el conocimiento de Él. Al esparcir su fragancia, nuestra vida también puede llegar a ser aromática.

Dice una fábula persa que un día un viajero encontró un terrón de barro tan lleno de dulce perfume que su aroma penetraba toda la habitación.

— ¿Qué eres tú? — fue su pronta demanda —. ¿Eres alguna gema de Samarcanda? ¿De donde proviene, pues, este maravilloso perfume?

Amigo, si revelo el secreto, ¡he estado viviendo con la rosa!

Parábola dulce. ¿Y no destilarán quienes se deleitan en morar con la rosa de Sarón dulces olores por todas partes aunque ellos mismos sean pobres y vulgares?

Amado Señor, que a ti nos retiremos, y entonces esparzamos por doquiera tu dulce fragancia.

Anónimo

El costo de la fragancia

Cuando nos deleitamos en la dulzura de algún perfume delicado, rara vez consideramos el costo con el cual ha sido producido: miles de flores tomadas en el momento de su máxima belleza y exprimidas a fin de captar su aroma para nuestro deleite.

Algunas flores y arbustos (lavanda y romero) liberan su fragancia sólo cuando son machacados y molidos. Otros (alhelí de aroma nocturno) liberan su perfume sólo al amparo de la noche. El aroma del incienso está encarcelado hasta que lo enciende la llama.

¿No tiene eso un paralelo en la vida? A menudo los cristianos más fragantes son los que han vivido las experiencias oscuras y aplastantes de la vida. Los creyentes que exudan la fragancia de Cristo son a menudo los que han pasado por las aguas y los fuegos de prueba y han salido triunfalmente.

La fragancia de Cristo fluye especialmente de su cruz y sufrimiento. Se puede atribuir la fragancia prestada de la vida de Pablo a su experiencia de la participación de esos padecimientos. No será de otra manera con nosotros, pues el sufrimiento recibido de la manera correcta producirá una madurez y dulzura de carácter que no se puede producir de otra manera. Tales vidas siempre son inconscientemente influyentes.

No sólo en las palabras que dices,
no sólo en lo que haces,
sino de la manera más inconsciente
se expresa Cristo.

¿Será una sonrisa de puro contento,
un resplandor santo en tu frente?
¡Ah no! Sentí su presencia
cuando te reíste ahora.

Para mí no fue la verdad que enseñaste,
para ti tan clara, para mí tan oscura,
sino que cuando viniste trajiste
un sentido de Él.

De tus ojos Él me llama,
Y de tu corazón se derrama su amor,
hasta que te pierdo la vista y veo
en vez de ti el Cristo.

Anónimo

En el día de su instalación en la parroquia de Bremerton en 1630, George Herbert tardó mucho en regresar a su casa parroquial después de la ceremonia. Sus amigos lo encontraron a solas en su nueva iglesia. Postrado en el presbiterio delante de la mesa de comunión, George Herbert parecía estar abrumado con la dignidad y las necesidades de su nuevo encargo. Inconsciente de la presencia de sus amigos, adoraba en silencio. Ellos sólo podían escucharlo decir: "Jesús, mi Maestro!"

George Herbert escribió un poema titulado *The Odour* [El aroma], un fragmento del cual reza así:

Cuán dulce suena
"mi Maestro, ¡mi Maestro!"
Como el ámbar gris deja un olor dulce
para el que lo prueba,
así estas palabras de dulce contento,
una fragancia oriental: "¡Mi Maestro!"
Con éstas todo el día me perfumo la mente.

Un aspecto solemne

Nuestro pasaje clave habla de dos perfumes: uno el olor de muerte, el otro la fragancia de vida; el uno es un humo mortal, el otro un perfume delicioso. El mensaje solemne que deduce Pablo es que el mismo glorioso mensaje del evangelio produce tanto vida como muerte: vida en el que lo recibe, y muerte en el que lo rechaza.

La imagen del desfile triunfal todavía está en la mente de Pablo. Se dice que al pie del monte Capitolino, la procesión se dividía en dos filas. Una fila iba al imponente Tulanio donde se daba muerte a los cautivos condenados. La otra fila siguió a la vida y la libertad.

Pero el mismo perfume de incienso fragante empapaba los dos ramos de la procesión. Para un grupo fue el olor mismo de la perdición. Para el otro fue la fragancia de la vida abundante.

Ya que el caso es así, qué cosa más solemne es ser mensajero del evangelio. El mismo evangelio que predicamos es para algunos un aroma delicioso; para otros es un gas nocivo. El mismo sol derrite la cera y endurece el barro. El predicador del evangelio debe declarar con Pablo: "Conociendo, pues, el temor del Señor, persuadimos a los hombres" (2 Corintios 5:11).

13

SIN ARADO, NO HAY MADUREZ

Estad atentos, y oíd mi voz; atended, y oíd mi dicho. El que ara para sembrar, ¿arará todo el día? ¿Romperá y quebrará los terrones de la tierra? Cuando ha igualado su superficie, ¿no derrama el eneldo, siembra el comino, pone el trigo en hileras, y la cebada en el lugar señalado, y la avena en su borde apropiado? Porque su Dios le instruye, y le enseña lo recto; que el eneldo no se trilla con trillo, ni sobre el comino se pasa rueda de carreta; sino que con un palo se sacude el eneldo, y el comino con una vara. El grano se trilla; pero no lo trillará para siempre, ni lo comprime con la rueda de su carreta, ni lo quebranta con los dientes de su trillo. También esto salió de Jehová de los ejércitos, para hacer maravilloso el consejo y engrandecer la sabiduría.

Isaías 28:23-29

Si ha de haber una cosecha de madurez espiritual en nuestra vida, debemos esperar que el Arador celestial use su arado y grade el suelo de nuestro corazón. Sin arado, no hay cosecha.

El profeta Isaías, bajo la inspiración del Espíritu Santo, emplea esa figura de una manera pintoresca y gráfica. En esta parábola el profeta emplea los métodos adoptados por el agricultor para producir una cosecha, a fin de ilustrar la manera en que Dios trata con su pueblo. La aplicación primaria de la parábola es sin duda al trato de Dios con las naciones, pero los mismos principios se aplican a sus actividades en la iglesia y en la vida de personas individuales.

Isaías nota los atributos de Dios que caracterizan de manera tan maravillosa su disciplina de sus hijos. En primer lugar, Dios instruye y enseña a su hijo lo recto (Isaías 28:26). En segundo lugar, Dios es maravilloso en consejo. En tercer lugar, Dios es grande en sabiduría (Isaías 28:29). Eso quiere decir que todo lo que Él hace es motivado por amor incondicional y sabiduría perfecta. Para lograr sus objetivos, siempre actúa con mucha agudeza en los medios que adopta.

La pericia y la discreción del agricultor se exhiben en los procesos que emplea al espigar una cosecha arando y gradando, sembrando y cosechando. Su destreza refleja la sabiduría de la cual su Dios lo ha dotado. En lenguaje vivo, Isaías arguye que si al supervisar sus cultivos, el agricultor demuestra tal cuidado y discernimiento, ¿será menos discernidor el Dios que lo instruyó en su supervisión de la operación mucho más delicada de recoger una cosecha espiritual?

Se sacan tres verdades de un estudio de la parábola.

El arado

Dios, el Agricultor celestial, ejerce un cuidado sumamente benévolo cuando permite que el arado y las gradas invadan nuestra vida. Siempre tiene presente el propósito supremo — una cosecha dorada — y cada parte del proceso sirve a ese fin. Él es, por lo tanto, discerniente en la duración de la disciplina. "¿Romperá y quebrará los terrones de la tierra?" (Isaías 28:24b) pregunta el profeta. Por supuesto que no. Una vez que se haya alcanzado el objetivo, termina la prueba. Su amor no permitirá una hora más de sufrimiento de lo que es esencial para asegurar la cosecha.

> Sigue arando, Señor. Quiero que se are toda mi vida, y que en cada rincón haya grano dorado o flores gloriosas.
>
> Ten piedad de mí, Señor, cuando exclamé cuando por primera vez sentí la reja del arado. Tú conoces mi condición; te acuerdas de que soy polvo.
>
> Pero ahora recuerdo, comprendo las cosas. Veo el significado. Así que, ¡sigue, oh Arador de la eternidad!
>
> Joseph Parker,
> *The Heavenly Plowman*
> [El arador celestial]

La experiencia del agricultor lo ayuda a saber que clase de tratamiento debe dar a los distintos suelos. La marga arenosa requiere un tratamiento ligero, pero el barro duro necesita la penetración profunda de la reja, hasta que llega al subsuelo. Se usan las gradas sólo hasta que se rompen los terrones y el suelo está lo bastante suelto para que germinen las semillas. Esos son los factores que explican la distribución desproporcionada de sufrimiento y pesar en la vida de los hijos de Dios. Podemos confiar en que vendrán en el momento propicio de acuerdo con la cariñosa discreción de nuestro Padre celestial.

El cultivo por Dios de nuestra vida siempre tiene en vista nuestra bendición y nuestro beneficio más alto. "Dios [nos disciplina] para nuestro bien, a fin de que participemos de su santidad" (Hebreos 12:10, NVI). Las acciones de Dios traerán sólo bien cuando las recibimos de manera correcta. El modo en que reaccionamos determinará si nos endulzan o amargan, si son plaga o bendición. Dios nunca obra por capricho.

Tenemos tres reacciones posibles. Podemos *someternos*, la cual es la actitud fatalista del musulmán. Puesto que es inútil resistir, podemos ceder ante las acciones de Dios. Podemos *conformarnos*, que es una aceptación pasiva, pero a menudo sin gozo. Este es un plano más alto que la mera sumisión, pero no es el más alto. Podemos *abrazar* las acciones de Dios con gozo, aun cuando no las comprendamos. Ese es el plano más alto. Pablo mostró esta actitud al escribir: "Por tanto, de buena gana me gloriaré más bien en mis debilidades, para que repose sobre mí el poder de Cristo. Por lo cual, por amor a Cristo me gozo en las debilidades, en afrentas, en necesidades, en persecuciones, en angustias; porque cuando soy débil, entonces soy fuerte" (2 Corintios 12:9b-10). Es esta última actitud la que más glorifica a Dios y trae paz y contentamiento al corazón.

Madame Jeanne de la Mothe Guyon estuvo encarcelada en la infame Bastilla por diez años, de 1695-1705. Bien se puede imaginar lo que eso debió de haber significado para una señora noble de crianza delicada. Pero ¡qué cosecha recogió de su aceptación gozosa de la prueba! Describe su experiencia con estas palabras entusiastas:

Soy cual pajarito
excluido de campos de aire.
Sin embargo, en mi jaula puedo cantar
a Aquel que me puso allí;
Complacida estoy de estar presa
porque, mi Dios, eso te complace a ti.

No tengo otra cosa que hacer,
canto todo el día,
y a Él es a quien más me encanta agradar
Escucha mi canción.
Atrapó y ató mi ala errante,
y todavía se inclina para oírme cantar.

Mi jaula me confina,
no puedo volar afuera,
pero aunque mi ala está bien atada
mi corazón está en libertad.
Las paredes de mi cárcel no pueden controlar
el vuelo, la libertad del alma.

Ah, bueno es remontarme
sobre estos cerrojos y barras,
e ir a Aquel cuyo propósito adoro,
cuya providencia amo,
y en tu poderoso amor encontrar
El gozo y la libertad de la mente.

La siembra

El agricultor tiene cuidado en la selección y evaluación de las semillas, así como en la selección del lugar de la siembra. "Cuando ha igualado su superficie, ¿no derrama el eneldo, siembra el comino, pone el trigo en hileras, y la cebada en el lugar señalado, y la avena en su borde apropiado?" (Isaías 28:25). No esparce su valiosa semilla indistintamente ni escoge su lugar al azar. Al cultivo más valioso se le da el lugar más fértil. Las semillas de menos valor ocupan rincones sueltos.

¿Es Dios menos discernidor en las experiencias que nos confía? Él es selectivo en cuanto a tanto suelo como semilla. Controla los momentos de los sucesos. A veces niega, a veces demora, pero lo hace "para hacer maravilloso el consejo y engrandecer la sabiduría" (Isaías 28:29). Entremezcla gozo con pesar y adversidad con prosperidad, pero siempre tiene presente una cosecha.

La trilla

La técnica de trillar requiere tanta discreción como el proceso de sembrar. "El eneldo no se trilla con trillo, ni sobre el comino se pasa rueda de carreta; sino que con un palo se sacude el eneldo, y el comino con una vara" (Isaías 28:27).

El agricultor se fija con cuidado en el tamaño y la naturaleza de la semilla así como en su valor, y emplea el método de trillar adecuado. Cada semilla requiere tratamiento especial. No usa la pesada rueda de carreta cuando basta un palo ligero. La sabiduría y experiencia del agricultor lo guardan de usar fuerza excesiva. Su objetivo no es triturar la semilla sino librarla de las inútiles barcia y paja. ¿Será menos discernidor Dios? Si usa la rueda de carreta, es sólo porque no bastará ningún otro método. Así que Dios no usa más fuerza que lo absolutamente esencial para asegurar una cosecha limpia y valiosa. El cristiano espiritualmente maduro aceptará y abrazará la experiencia que Dios permita y no se rebelará contra ella. Pablo alcanzó un alto nivel de madurez cuando pudo decir que se gloriaba en sus tribulaciones (véase Romanos 5:3).

De esta parábola hay tres lecciones importantes que debemos aprender acerca de la madurez espiritual.

En primer lugar, las disciplinas que usa Dios en nuestra vida están diseñadas para producir una cosecha espiritual, pero la experiencia no es siempre placentera. "Es verdad que ninguna disciplina al presente parece ser causa de gozo, sino de tristeza; *pero después da fruto apacible* de justicia a los que en ella han sido ejercitados" (Hebreos 12:11, cursivas añadidas).

Aun el Hijo de Dios pudo llegar a la madurez completa en su humanidad sólo de esa manera. "Aunque era Hijo, por lo que padeció aprendió la obediencia; y habiendo sido perfeccionado, vino a ser autor de eterna salvación para todos los que le obedecen" (Hebreos 5:8-9). Donde no se hace caso de la disciplina, no hay cosecha. Dios colmó de su bondad a los israelitas, pero respondieron con rebelión, y no hubo una cosecha de paz en su vida nacional.

En segundo lugar, nuestra experiencia de la disciplina de Dios, cuando reaccionamos correctamente a ella, puede traer vida y bendición a otros. "El grano se trilla; pero no lo trillará para siempre" (Isaías 28:28). No se machaca el grano en el proceso de trillar pues eso bajaría su valor, pero sí se lo muele para hacer pan. El grano en el cascabillo no es aceptable para consumo humano; hay que cernerlo y separarlo en el proceso de moler. Cristo fue molido para convertirse en pan para nosotros. "Bástale... al siervo [ser] como su señor" (Mateo 10:25). El ser molido es parte del precio de un ministerio ensanchado.

> El grano para pan es molido.
> No te acobardes, alma mía
> de la recogida y la atadura,
> del quebrantamiento y la molienda.
> El corazón que quebranta Dios
> lo vuelve a sanar.
> El grano sin descascarar y tirado a un lado
> no puede suplir la necesidad del hombre.

Por último, las disciplinas que usa Dios son siempre para nuestro provecho y tienen en cuenta valores eternos. "Dios [nos disciplina] para nuestro bien, a fin de que participemos de su santidad" (Hebreos 12:10, NVI). Están diseñadas para prepararnos para el cielo. Esta vida es el kindergarten del cielo. Alexander Whyte escribió:

> Dejamos de admirarnos tanto ante el cuidado que Dios tiene del carácter humano y el costo que gasta en ella, cuando recordamos que es sólo la obra de sus manos que durará para toda la eternidad.
>
> Si es cierto que somos un jardín o un campo cultivado por Dios, estoy seguro de que una de las mejores herramientas que usa el Señor en nuestra vida para producir fruto y estimular crecimiento es el transplantador del sufrimiento.

Qué duro es dejarlo cavar. Cada vez que usa el sufrimiento para cultivar y airear el suelo que nos rodea, estamos seguros de que se está desplazando nuestra vida y que estamos destinados para la aniquilación.

Sin embargo, el caso es precisamente lo contrario. Dios usa sus transplantadores y arados con suma discreción y sabiduría, y todo ese cavar produce personas sanas que están creciendo.[1]

---

[1] Joyce Landorf, *The High Cost of Growing* (Nueva York: Nelson, 1978), p. 13.

14

LA MADUREZ EXIGE DISCIPLINA

El fruto del Espíritu es . . . dominio propio.
Gálatas 5:22-23 (NVI)

El mundo les pertenece a los disciplinados. Esa declaración pudiera parecer exagerada, pero encierra más que un grano de verdad. Solamente la persona disciplinada alcanzará la plena potencialidad de sus poderes. Sólo la persona que está dispuesta a mantener una consecuente disciplina propia experimentará una madurez que aumenta constantemente.

Un líder maduro puede dirigir de manera inspiradora a otros porque éstos sienten que aquél está fuertemente disciplinado; por lo tanto, están dispuestos a aceptar la disciplina que se espera de ellos.

La palabras *discípulo* y *disciplina* se derivan de la misma raíz. Un discípulo es una persona disciplinada que ha aprendido esa lección en la escuela de Cristo. Un diccionario define la disciplina como "la virtud que consiste en dominar los apetitos y pasiones, especialmente los sensuales". Es esta cualidad que diferencia tan notablemente los humanos de los animales. La disciplina es, sin embargo, el patito feo de la psicología moderna. El genio de la era está contra ella. La realización completa de la potencialidad de uno y la falta de moderación son las consignas, y no la autodisciplina.

En la esfera del deporte, en vez de participar, la inmensa mayoría sólo mira y disfruta indirectamente del fruto de la disciplina de un puñado de jugadores. Eluden los rigores y el sacrificio que exige la excelencia en el deporte. El resumen y el libro abreviado han reemplazado el trabajo que exige disciplina mental. Así es también en la esfera del espíritu.

El creyente en vías de madurez aprende a someterse a la disciplina impuesto desde fuera, pues si nunca ha dominado la lección de ser un seguidor bueno y leal, no será apto para dirigir. Pero el cristiano también impondrá una autodisciplina más rigurosa desde adentro. Los que desatienden la disciplina en su estilo de vida nunca llegan a la completa madurez de carácter cristiano, y rara vez llenan los requisitos para un puesto de liderazgo influyente. Muchos que emprenden el adiestramiento con el propósito de obtener puestos importantes de liderazgo fracasan porque nunca han aprendido a obedecer y seguir a un líder. ¿No tuvo nuestro Señor mismo que "aprender a obedecer mediante el sufrimiento"?

Cuando Benjamin Disraeli era primer ministro de Gran Bretaña, dio un importante discurso que tuvo efectos de gran alcance en la esfera política.

— ¿Me permite preguntar cuánto tiempo tomó preparar ese discurso? — preguntó un admirador.

— Toda mi vida ha sido una preparación para el discurso que di hoy — respondió el estadista.

Una vida de estudio y disciplina mental lo habían preparado para ponerse a la altura de la necesidad inesperada del momento. Una vida de disciplina en los primeros años, una vida que está preparada para renunciar y sacrificar a fin de prepararse para la obra de una vida, preparará el camino para logros encumbrados.

La oración de San Agustín indica claramente la importancia que otorgaba a esta cualidad:

> Oh que yo tenga
> hacia mi Dios, un corazón de fuego;
> hacia mi prójimo, un corazón de amor;
> hacia mí mismo, un corazón de acero.

De la frecuencia con la que los escritores del Nuevo Testamento usan los juegos griegos como ilustraciones de la vida cristiana, parecería evidente que Dios desea que hagamos en la esfera espiritual lo que el deportista hace en la física. Expresiones tales como "todo aquel que lucha" (1 Corintios 9:25) y "Todos los que compiten en torneos deportivos pasan por un entrenamiento riguroso" (1 Corintios 9:25, NVI) indican la seriedad con la cual el atleta persigue el objetivo. El atleta mimado y flojo no gana medallas. El cristiano débil y comodón no ganará "el premio".

¿Cómo nos "entrenamos" para la vida cristiana madura? Consideremos el "entrenamiento" del apóstol Pablo.

En primer lugar, Pablo se impuso una rigurosa disciplina mental. Controlaba sus hábitos mentales. "Las armas de nuestra milicia no son carnales, sino poderosas en Dios para la destrucción de fortalezas, refutando argumentos, y toda altivez que se levanta contra el conocimiento de Dios, y *llevando cautivo todo pensamiento a la obediencia a Cristo*" (2 Corintios 10:4-5, cursivas añadidas).

"Nuestros pensamientos voluntarios no sólo revelan lo que somos; predicen lo que nos volveremos — escribió A. W. Tozer —. La voluntad puede llegar a ser el siervo de los pensamientos y en gran parte aun nuestros sentimientos siguen nuestro pensamiento. El pensar mueve los sentimientos y éstos provocan acción. Así estamos hechos y más vale que lo aceptemos."

El pecado tiene su génesis en la vida interior, así que Pablo hacía guerra con sus pensamientos. Procuraba constantemente llevar preso a sus pensamientos fugitivos y someterlos al control de Cristo. Requiere más que mucha fuerza de voluntad para someter la mente al control divino y mantenerla allí, pero se ha prevenido eso: "El fruto del Espíritu es... dominio propio" (Gálatas 5:22-23, NVI). Como Pablo estaba lleno del Espíritu, en su vida se producía este fruto deseable en abundancia.

El consejo de Pablo para los cristianos en Filipos indicaba el hábito de su vida mental: "Todo lo que es verdadero, todo lo honesto, todo lo justo, todo lo puro, todo lo amable, todo lo que es de buen nombre; si hay virtud alguna, si algo digno de alabanza, *en esto pensad*" (Filipenses 4:8, cursivas añadidas). Y qué cosecha más abundante segó en su vida intelectual! Cristo es digno de lo mejor de nuestro intelecto.

En segundo lugar, Pablo ejercitaba una rigurosa disciplina en su cuerpo. "Así que, yo de esta manera corro, no como a la ventura; de esta manera peleo, no como quien golpea el aire, sino que golpeo mi cuerpo, y lo pongo en servidumbre, no sea que habiendo sido heraldo para otros, yo mismo venga a ser eliminado" (1 Corintios 9:26-27).

En esa declaración Pablo parece expresar un temor genuino. No tenía dudas acerca de su salvación, pero todavía no había terminado su carrera. Había aún tiempo para que su cuerpo lo traicionara. A pesar de su vasta experiencia y grandes éxitos, todavía era vulnerable en su cuerpo. Así que, a fin de que no se arruinara su ministerio en sus últimos años, continuó hasta el final manteniendo una disciplina tan severa en este aspecto como la que mantiene un atleta en su campo. Hizo de su cuerpo su siervo, y no su amo. Esa actitud es digna de nuestra imitación.

Poco antes que Policarpo, obispo de Esmirna, fuera martirizado, pidió: "Oh Dios, hazme un verdadero atleta de Jesucristo, para sufrir y para vencer."

Pablo exhortó a Timoteo: "Emplea el tiempo y las energías en la tarea de ejercitarte espiritualmente" (1 Timoteo 4:7, *La Biblia al Día*). "Todos los que compiten... pasan por un entrenamiento riguroso" (1 Corintios 9:25, NVI). Por diez meses los atletas participaban en un entrenamiento riguroso en el gimnasio Atlis, y nadie podía competir hasta que había terminado todo el curso. Los atletas se abstenían voluntariamente de ciertos placeres y diversiones, y tenían una dieta frugal y equilibrada. Se quitaban la gordura superflua.

Note que esta disciplina no es forzosa sino puramente voluntaria. El deportista en ciernes de buena gana la adopta a fin de que pueda ganar el codiciado premio. Le gusta su comida pero rechaza la que es demasiado fuerte. Le gustan el tabaco y la cerveza, pero a fin de ganar el premio, los deja. Le gusta desvelarse, pero a fin de alcanzar el máximo estado físico, se acuesta temprano. Se disciplina; no se permite lujos. Así será con el atleta cristiano maduro. ¿Hay algo de esta intensidad y dedicación en nuestra vida cristiana?

La autodisciplina consecuente y ardua del atleta para su pasajero premio de una corona de hojas de pino o laurel es una reprimenda mordaz para todo el servicio a Dios que se da de manera indiferente y renuente.

Así que la disciplina es entrenamiento — ya sea que se imponga de afuera o de adentro — que produce obediencia, dominio propio, y la capacidad para cooperación. La disciplina se extiende a la mente y sus pensamientos, al corazón y sus emociones, y al cuerpo y sus instintos. "Corrige, moldea y perfecciona las facultades mentales y el carácter."

Un estilo de vida cada vez más disciplinada es una prueba de que el Espíritu Santo está obrando en nuestra vida, pues la disciplina es el fruto del Espíritu, no la obra de la enérgica vida que proviene del yo. No es el control del yo por el yo. El yo es un monstruo con cabeza de hidra, y para sojuzgarlo se requiere más que poder humano. La disciplina no es una severa autosupresión sino el control de la vida redimida por el Espíritu Santo: "Porque si vivís conforme a la carne, moriréis; mas si por el Espíritu hacéis morir las obras de la carne, viviréis" (Romanos 8:13). Mientras rindamos nuestra vida al control del Espíritu, Él contendrá nuestros apetitos errantes.

Dios no nos deja dependientes de nuestros propios escasos recursos, sino que ha provisto para que podamos llevar una vida sanamente disciplinada. "Porque no nos ha dado Dios espíritu de cobardía, sino de poder, de amor y de dominio propio" (2 Timoteo 1:7).

15

LA MADUREZ DE CONCIENCIA

> Y por esto procuro tener siempre una conciencia sin ofensa ante Dios y ante los hombres.
>
> Hechos 24:16

Tomando en cuenta el papel sumamente importante que tiene la conciencia, especialmente con relación a nuestro bienestar emocional, es asombroso que se preste tan poca atención a la función de este persistente monitor del alma. Este descuido es difícil de comprender a la luz de la frecuencia con que se menciona en las Escrituras. Es esta facultad lo que distingue a los seres humanos de los animales.

No es fácil definir la conciencia. ¿Es una facultad distinta de nuestra naturaleza moral? ¿Es una dote divina y por lo tanto infalible, o es un falible mecanismo humano? Un estudio de los pasajes pertinentes de la Biblia parece indicar que la conciencia es una actividad especial del intelecto y las emociones que hace posible que el que la posee no sólo perciba distinciones morales sino que también discierna entre el bien y el mal.

Una definición es que es el testimonio y juicio del alma que da aprobación o desaprobación a las decisiones y actos de la voluntad. "Cuando los gentiles que no tienen ley, hacen por naturaleza lo que es de la ley, éstos, aunque no tengan ley, son ley para sí mismos, mostrando la obra de la ley escrita en sus corazones, dando testimonio su conciencia, y acusándoles o defendiéndoles sus razonamientos" (Romanos 2:14-15).

Es la actividad de la conciencia lo que hace que nuestro pecado sea culpable. La palabra significa "conocimiento que se tiene conjuntamente con otro", y por supuesto el otro es Dios.

Así la conciencia nos hace cotestigos con Dios contra nosotros mismos.

No debemos, sin embargo, considerar la conciencia una facultad ejecutiva, pues es completamente impotente para hacernos hacer el bien o guardarnos de hacer el mal. Su única responsabilidad y actividad es pronunciar su sentencia según sus normas y producir la emoción apropiada. Un termómetro constituiría un buen paralelo. Registra e indica la temperatura pero no tiene poder para crearla o modificarla. Si se hace caso omiso del veredicto de la conciencia, ésta no puede hacer nada más; pero se daña así su sensible mecanismo.

La conciencia no es la posesión privilegiada de sólo las naciones avanzadas; funciona con igual fidelidad en el corazón de paganos ignorantes. Cuando los paganos violan las normas de su propia cultura, están conscientes de esa voz interior que expresa desaprobación.

Un amigo mío que era misionero visitó una vez una tribu africana que no había tenido contacto anterior con personas de la raza blanca. Deseando saber las reacciones espirituales del jefe, mi amigo le preguntó mediante un intérprete qué pensaba que era el pecado. Sin vacilar el jefe respondió: "El pecado es asesinato, robo, adulterio y brujería." Su conciencia atestiguaba fielmente a la ley de Dios escrita en su corazón.

La conciencia no es infalible, pues puede reaccionar sólo a las normas que conoce. Es un guía fiel sólo cuando ha sido enseñada por la Palabra de Dios. Las conciencias de los hombres que llevaron a cabo la Inquisición los alababa por cometer los horrores de aquella época. Reaccionaron según la norma aceptada. El delicado mecanismo de la conciencia perdió el equilibrio en la caída y requiere constantes ajustes a las normas de Dios. La conciencia reaccionará con grados de precisión variables según la calibración.

Pablo habla de una conciencia que elogia y una conciencia que condena.

Una conciencia que elogia

Pablo enumera tres condiciones progresivas de conciencia. El gozar del elogio constante de nuestra conciencia es un tesoro inapreciable y la conciencia es tan fiel en elogiar lo bueno como lo es en condenar lo malo.

Una conciencia limpia

"Que guarden el misterio de la fe con limpia conciencia" (1 Timoteo 3:9). "Doy gracias a Dios, al cual sirvo . . . con limpia conciencia" (2 Timoteo 1:3).

Una conciencia limpia es una que es agudamente sensible a la aproximación del mal. Pablo aseveró que había tenido que luchar para mantener limpia su conciencia. No fue automático. Mantuvo su pureza mediante obediencia meticulosa a los mandatos de las Escrituras y las insinuaciones del Espíritu Santo.

Cuando tenemos la dicha de poseer tal conciencia, no experimentamos ninguna voz acusadora que perturbe la paz de Dios en nuestro corazón, ni afecte nuestras relaciones con los demás. Una conciencia limpia nos deja con "un corazón desocupado consigo mismo, que puede tranquilizar y condolerse." No hay precio demasiado alto que pagar por tal beneficio.

Una conciencia buena

"El propósito de este mandamiento es el amor nacido de corazón limpio, y de buena conciencia" (1 Timoteo 1:5). "Manteniendo la fe y buena conciencia" (1 Timoteo 1:19). Una buena conciencia elogia lo recto y condena lo malo. Es la posesión de uno que obedece los mandatos de la conciencia limpia.

Una conciencia madura

"Se presentan ofrendas y sacrificios que no pueden hacer perfecto, en cuanto a la conciencia, al que practica ese culto . . . ¿Cuánto más la sangre de Cristo, el cual mediante el Espíritu eterno se ofreció a sí mismo sin mancha a Dios, limpiará vuestras conciencias de obras muertas para que sirváis al Dios vivo?" (Hebreos 9:9,14).

Ahora con una conciencia buena y limpia, el creyente puede darse sin ningún sentido de condenación al servicio de Dios.

Una conciencia que condena

Pero Pablo tiene otra lista de condiciones progresivas de la conciencia.

Una conciencia *débil*

Una conciencia débil tiende a ser enfermiza y melindrosa, y fácilmente la perturban cuestiones insignificantes. Una conciencia débil constantemente se acusa a sí misma. Pablo ejemplifica esto del problema de comer alimentos que se habían ofrecido a ídolos. "Algunos, habituados hasta aquí a los ídolos, comen como sacrificado a ídolos, y su conciencia, siendo débil, se contamina" (1 Corintios 8:7).

Escribiendo sobre ese pasaje, Leon Morris comentó: "Como estaban acostumbrados a ídolos antes de su conversión, todavía tenían la antiguas asociaciones aunque ahora eran cristianos. Como no podían librarse del sentimiento de que el ídolo era de alguna forma real, sentían que hacían mal cuando comían lo que se le había ofrecido."[1]

La conciencia débil reacciona fielmente según sus luces, pero como brújula con una corriente magnética débil, da una señal inconstante. Eso causa que quien la posea esté constantemente atormentado por dudas acerca de si ha hecho algo malo. Una causa de esta vacilación pudiera ser un conocimiento insuficiente de las Escrituras o una voluntad que no está completamente entregada a Dios.

La acción correctiva sería hacer frente con determinación a los problemas de que se trata, tomar una decisión según le aconseje su juicio, y entonces negarse resueltamente a reconsiderar el asunto.

Una conciencia *contaminada*
(véase 1 Corintios 8:7)

Si nos obstinamos en participar en alguna actividad contra la cual ha protestado nuestra conciencia, contaminamos ésta e impedimos su fiel funcionamiento, así como el polvo en el mecanismo de un reloj hará que muestre la hora incorrecta.

Así es especialmente en el caso de la pureza moral. "Todas las cosas son puras para los puros, mas para los corrompidos e incrédulos nada les es puro; pues hasta su mente y su conciencia están corrompidas" (Tito 1:15).

---

[1] Leon Morris, *The First Epistle to the Corinthians* (Londres: Tyndale House Publishers, 1958), p. 27.

Una conciencia inicua o culpable
(véase Hebreos 10:22)

Esta condición resulta de hacer caso omiso constantemente de las advertencias de la conciencia. Como resultado, los valores de quien la posea están tan pervertidos por el abandono al pecado que la conciencia está envenenada, y la persona llama al bien mal y al mal bien. Si la persona está determinada a hacer mal, la voz de la conciencia quedará cada vez más débil.

Es un hecho muy conocido de la criminología que una persona culpable de pasmosos crímenes contra otra persona a menudo se sienta atormentada por su conciencia al haber delatado a un cómplice.

Una conciencia endurecida

"Tales enseñanzas vienen por boca de embusteros hipócritas, que tienen la conciencia endurecida como marcada a fuego" (1 Timoteo 4:2, NVI). Cuando la conciencia se endurece tanto, deja de protestar contra el mal, porque ninguna súplica tendrá éxito. Ya no es sensible al bien y al mal.

> El vicio es un monstruo tan espantoso
> que para odiarlo sólo hace falta verlo;
> pero si se le ve demasiado,
> y llega a conocerle el rostro,
> al principio lo soportamos, y entonces tenemos piedad de él,
> y por fin lo abrazamos.[1]

Pablo advierte contra el peligro de dejar de hacer caso de la voz de la conciencia y responder a ella: "Te doy este encargo . . . para que puedas . . . pelear la buena batalla, manteniendo la fe y una buena conciencia. Por haberlas rechazado, algunos han naufragado en la fe" (1 Timoteo 1:18-19, NVI).

La conciencia no tiene remedio para sus propios males, pero debemos estar eternamente agradecidos porque se ha asegurado adecuadamente el mantenimiento de su pureza y sensibilidad.

Una conciencia madura acepta y descansa sobre las afirmaciones de la Palabra de Dios y se niega a resucitar lo que Dios

---

1 Alexander Pope, *An Essay on Man*, Epistle ii, versos 217-221.

ha enterrado o a recordar lo que Dios ha olvidado. Dios ha dicho: "Seré propicio a sus injusticias, y nunca más me acordaré de sus pecados y de sus iniquidades" (Hebreos 8:12). La conciencia descansa sobre esa garantía.

También hay un remedio para una conciencia contaminada o culpable, pero uno debe tratar con el pecado de manera sincera. Se da la invitación: "Acerquémonos con corazón sincero, en plena certidumbre de fe, purificados los corazones de mala conciencia, y lavados los cuerpos con agua pura" (Hebreos 10:22). Juan da más seguridad: "Si confesamos nuestro pecados, él es fiel y justo para perdonar nuestros pecados, y limpiarnos de toda maldad" (1 Juan 1:9).

El continuar condenándose por lo que Dios ha perdonado es deslealtad a Cristo.

Anónimo

Qué maravilloso que el solvente de la sangre de Cristo aplicada a la conciencia culpable quite absolutamente toda mancha y deja al creyente con una conciencia madura, carente de ofensa ante Dios y los demás: una conciencia limpia de todo lo que hemos hecho y sido. "Ahora, pues, ninguna condenación hay para los que están en Cristo Jesús" (Romanos 8:1).

16

EL LUGAR DEL HÁBITO EN LA MADUREZ

> Hablo como humano, por vuestra humana debilidad; que así como para iniquidad presentasteis vuestros miembros para servir a la inmundicia y a la iniquidad, así ahora para santificación presentad vuestros miembros para servir a la justicia.
>
> Romanos 6:19

Pablo se refiere al papel crucial que juega el hábito en la búsqueda de la madurez cristiana. Había que cambiar completamente los antiguos hábitos malos de los cristianos romanos si iban a progresar en santidad. Así como en el pasado habían tenido hábitos inicuos, ya sea consciente o inconscientemente, así ahora debían dedicarse a cultivar hábitos de santidad. El antiguo refrán es muy realista:

Siembra un pensamiento, cosecha un acto.
Siembra un acto, cosecha un hábito.
Siembra un hábito, cosecha un carácter.
Siembra un carácter, cosecha un destino.

Somos un fardo de hábitos. El carácter está compuesto de un grupo de hábitos, buenos o malos. El formar hábitos y el abandonarlos es una de nuestras actividades dominantes. Cada parte de la vida se ve afectada por la clase de hábitos que formamos. Cada día tenemos que escoger si obedeceremos los dictados de la naturaleza vieja o la nueva, si iremos por el camino bueno o el malo.

Se ha definido el hábito como "adiestramiento, especialmente la clase que produce dominio propio, disciplina, obediencia y capacidad para cooperación". Otra definición es: "la disposición o carácter predominante de los sentimientos de una persona o una norma de conducta desarrollada por repetición frecuente."

Podemos contraer hábitos sin ningún acto de la voluntad consciente. Son "pensamiento, sentimiento, elección que se endurecen hasta volverse permanentes".[1] Un acto comienza siendo ocasional, pero por repetición frecuente se vuelve habitual. Un delincuente habitual es uno que, al ser librado de la cárcel, repite una y otra vez las acciones delictivas.

Desvestirse y vestirse

Pablo emplea la imagen de desvestirse y vestirse para ilustrar su punto.

> En cuanto a la pasada manera de vivir, *despojaos* del viejo hombre, que está viciado conforme a los deseos engañosos, y renovaos en el espíritu de vuestra mente, y *vestíos* del nuevo hombre, creado según Dios en la justicia y santidad de la verdad.
>
> Efesios 4:22-24, cursivas añadidas

Formar hábitos nuevos y buenos es el mejor antídoto contra los antiguos y malos hábitos. Resulta difícil desechar la disposición y los hábitos pecaminosos formados durante toda una vida tal cual un viejo traje. Implica una acto decisivo de la voluntad renovada. Además, hay que adoptar y ponerse hábitos nuevos y santos como una nueva prenda. Esto implica un acto de la voluntad igualmente decisivo.

¿No hemos demostrado con una regularidad monótona que la voluntad humana por sí sola es una caña frágil en la cual apoyarse? Sólo hace falta que repasemos nuestras pasadas resoluciones de Año Nuevo para convencernos de ese hecho. Pero nuestra voluntad no es empedernida. La ha renovado el Espíritu Santo. Además de eso tenemos la ayuda prometida de nuestro Dios, pues "Dios es el que en vosotros produce así el querer como el hacer, por su buena voluntad" (Filipenses 2:13). Se promete aquí que Dios impartirá tanto el impulso como el poder para lograrlo mientras confiamos en que Él lo hará.

---

1 Arthur T. Pierson, *Godly Self-control* (Three Hills, Alberta, Canadá: Prairie Bible Institute, 1980), p. 93.

Encontré hace poco estos versos que expresan el poder de nuestra voluntad.

> Hay un terreno fértil, y en él hay un arado;
> pero si no se pone en él la mano
> y se empuja recto hacia adelante,
> no habrá surco.
> Hay una cesta de semilla junto al surco;
> pero si no se toma la cesta y se esparce
> la semilla en el surco, no habrá cosecha.
>
> Hay un campo de trigo y una hoz;
> pero si no se agarra esa hoz
> y se cosecha el grano,
> tampoco habrá trigo en el granero.
>
> Hay un montón de grano;
> pero si no hay nadie que distribuya el trigo,
> la gente se morirá de hambre
> a la vista de un granero repleto.
>
> Dios hizo lo que le tocaba a Él;
> ¡haz tú lo que te corresponde a ti!
>
> Anónimo

A nosotros nos corresponde la iniciativa. Nos toca elegir y ejercitar nuestra voluntad para abandonar hábitos viejos y malos, y cultivar hábitos nuevos y santos. Y cuando con sinceridad dirigimos nuestra débil voluntad para hacer eso, mientras dependemos de Él, el Espíritu Santo nos impartirá la fuerza para dejar lo viejo y apreciar lo nuevo.

Nuestra parte en formar hábitos

A través de los años muchas personas han formado hábitos malos en cuanto al tiempo. No les molesta la conciencia el desperdiciar su propio tiempo o el de los demás. Algunas personas son por hábito poco puntuales. Trabajé con una excelente pareja joven que era tan constante en sus hábitos con respecto al tiempo que uno podía poner su reloj por ellos. ¡Pero eso habría significado estar siempre cinco minutos atrasado! Habían formado el hábito malo y nunca habían intentado cambiarlo. No habría sido más difícil formar el hábito de llegar con cinco minutos de anticipación, pero faltaba motivación. Hacer un cambio tan radical habría implicado un acto de voluntad determinado y sostenido, cosa que ellos no estaban dispuestos a hacer.

Debemos recordar el hecho alentador de que aunque Dios no actuará en lugar de nosotros — nos corresponde a nosotros actuar —, Él sí cooperará con nosotros en nuestros esfuerzos por ajustarnos a su voluntad.

En la época de George Müller, aquel hombre de fe y oración, un joven enfrentaba el problema común de que le resultaba difícil levantarse lo bastante temprano por la mañana para pasar tiempo con Dios. Un día el joven tuvo una idea brillante. Si pudiera convencer a alguien que tenía poder en la oración para que orara que él pudiera levantarse más temprano por la mañana, se solucionaría su problema. Había oído hablar de la oración y la fe del señor Müller, así que fue a una de sus reuniones. Al final el joven explicó su problema y le preguntó al señor Müller si oraría al respecto.

"De ninguna manera", respondió el señor Müller. El joven quedó sorprendido de que un hombre tan piadoso no quisiera tener parte en una causa tan digna. Después de algunos momentos el señor Müller dijo: "Le digo lo que haré. Si usted saca una pierna de la cama mañana por la mañana, yo pediré que Dios le dé el poder para sacar la otra."

Esa fue una teología bien fundada. Dios no asumirá una responsabilidad que es nuestra, pero sí nos dará el poder para cumplirla mientras progresamos en obediencia, aun cuando estemos muy conscientes de nuestra propia debilidad.

Aunque el temperamento, la herencia y el ambiente ejercen una influencia significativa en nuestros hábitos, la voluntad regenerada, energizada por el Espíritu Santo, es el factor determinante. Somos lo que elegimos ser.

Nuestra parte en abandonar hábitos

Formar un nuevo hábito implica a menudo abandonar uno

viejo, y eso no es una tarea ligera. La costumbre establecida durante años no se cambiará fácilmente. Necesitaremos la poderosa ayuda del Espíritu Santo si vamos a abandonar los pecaminosos hábitos del pasado.

Como los creyentes de Filipos, podemos cultivar nuevos hábitos de pensamiento que expulsarán los antiguos hábitos que llevaron al pecado. Cada tentación nos viene por vía de nuestros pensamientos. Éstos, si son inicuos, deben por lo tanto ser reemplazados por pensamientos sanos en armonía con la mente de Cristo. De aquí la exhortación de Pablo:

> Por lo demás, hermanos, todo lo que es verdadero, todo lo honesto, todo lo justo, todo lo puro, todo lo amable, todo lo que es de buen nombre; si hay virtud alguna, si algo digno de alabanza, *en esto pensad*.
>
> Filipenses 4:8, cursivas añadidas

Aquí se ve una vez más: la iniciativa nos corresponde a nosotros. Escogemos los pensamientos que llenan nuestra mente. Como esto es ordenado por Dios, debe de ser posible que los acatemos. Podemos cultivar nuevos hábitos de hablar, por ejemplo. Si hemos tenido el hábito de exagerar, de adornar la verdad con detalles ficticios, de decir mentiras, o de hacer declaraciones hipócritas o imprecisas, debemos formar con determinación el hábito de renunciar a todas esas cosas y volvernos completamente veraces y estrictamente sinceros en el habla. Se nos exhorta a "desechar la mentira" y a "ceñir los lomos con la verdad".

Erwin Lutzer cuenta la historia de un hombre que había sido liberado de la cárcel pero que tenía dificultad en ajustarse a la libertad. Trató este experimento: tomó una botella de vidrio con una forma distintiva y la henchó de alambres, algunos pequeños, algunos grandes. Después que pasó cierto tiempo, tomó un martillo y rompió la botella. ¿El resultado? Gran parte de los alambres conservaron la forma de la botella y había que enderezarlos uno por uno.

El hombre demostró su punto. Es posible estar libre y todavía conservar los rasgos de esclavitud. Aun cuando un hombre sea liberado, debe ajustarse a su libertad y desarmar con cuidado los hábitos del pasado.[1]

Cada pecado que cometemos sirve sólo para reforzar los hábitos del pecado que hemos contraído. Cada vez que un alcohólico toma alcohol, éste lo esclaviza más. Por otra parte, cada vez que el alcohólico dice "No" a la tentación de pecar, se refuerza el deseo de rechazar.

"Es por la persistencia de buena voluntad y la obediencia en actitud de oración a los requisitos de la Biblia — escribe Jay Adams — que se desarrollan pautas piadosas y que éstas llegan a ser parte de nosotros."

Fue porque José había mantenido un fuerte sentido de pureza personal que salió ileso de la seducción de la esposa de Potifar. Su actitud fija fue: "¿Cómo, pues, haría yo este grande mal, y pecaría contra Dios?" Buenos hábitos formados durante un período de tiempo aprovecharán en las horas de crisis.

Al escribir acerca de esto, Alexander Maclaren dijo:

> La vida cristiana más avanzada necesita una perpetua renovación y repetición de actos de fe anteriores. No puede vivir del pasado como tampoco el cuerpo no puede subsistir de la comida del año anterior. Debemos recoger maná fresco diariamente.
>
> Se sostiene la vida del mismo modo que comenzó. No hay ningún nuevo deber o método para el cristiano más avanzado; tiene que hacer lo mismo que ha estado haciendo durante medio siglo."

Así que hay un elemento en el abandonar y el formar hábitos que es peculiar de nosotros. Dios no hará por nosotros lo que ha planificado y dicho que debemos hacer por nosotros mismos. Es una operación cooperativa entre Dios y nosotros, una asociación, así como en la naturaleza cooperamos con Dios: no trabaja el uno sin el otro.

---

[1] Erwin Lutzer, "Those Sins That Won't Budge", *Moody Monthly* (Marzo 1978), p. 48.

17
LA CONDUCTA CRISTIANA MADURA

> Así que, hermanos, os ruego por las misericordias de Dios, que presentéis vuestros cuerpos en sacrificio vivo, santo, agradable a Dios, que es vuestro culto racional. No os conforméis a este siglo, sino transformaos por medio de la renovación de vuestro entendimiento, para que comprobéis cuál sea la buena voluntad de Dios, agradable y perfecta.
>
> Romanos 12:1-2

La madurez de un cristiano será demostrada no sólo en carácter sino también en conducta. El creyente maduro actuará de una manera que alabará a Cristo en todo, haciendo así que su testimonio de Cristo sea creíble.

Se pudiera describir Romanos 12 como un compendio de la ética paulina, abarcando gran parte de la vida y las relaciones humanas. En su modo característico, Pablo pasa, después de su disertación doctrinal en Romanos 1-11, a una aplicación aguda y práctica en Romanos 12-16. Hay que ajustar la conducta al credo. Romanos 12 es uno de los más perspicaces tratamientos de Pablo de la conducta cristiana.

El motivo impulsor

Romanos 12 comienza con un ruego urgente a los cristianos romanos a ofrecer sus cuerpos a Dios como sacrificio vivo, una respuesta digna a la misericordia que Él les había ofrecido.

El verbo "ofrecer" o "presentar", como sugiere el tiempo aoristo del griego, indica una crisis inicial, un acto decisivo de presentación. Es una palabra técnica y sacerdotal que se empleaba al hablar de ofrecer un sacrificio en el templo en un acto único y definido de dedicación que no debiera ser necesario repetir.

Pablo ve el motivo por una acción tan trascendente y revolucionaria en "las misericordias de Dios", las cuales había estado comentando en los once capítulos anteriores. Nunca perdió su sentido de asombro ante la bondad y amor de Dios que se le había ofrecido de manera tan incondicional a él, el primero entre los pecadores. "Porque yo... no soy digno de ser llamado apóstol, porque perseguí a la iglesia de Dios" (1 Corintios 15:9), dijo protestando. Sin embargo, Pablo había obtenido misericordia, y quería vivir su gratitud. La única respuesta digna a tal misericordia fue poner todos sus poderes rescatados a disposición de su Maestro.

Al tiempo aoristo del versículo 1 siguen treinta y seis verbos en tiempo presente, una serie de actos repetidos que deben seguir el acto inicial de dedicación. El acto de presentación es una cosa intensamente práctica con implicaciones de largo alcance. Se centra en cuerpos que son los instrumentos de nuestra mente y espíritu. Anteriormente eran instrumentos del pecado, pero ahora están puestos sobre el altar y se ha de dejarlos allí. "Así como para iniquidad presentasteis vuestros miembros para servir a la inmundicia y a la iniquidad, así ahora para santificación presentad vuestros miembros para servir a la justicia" (Romanos 6:19).

A diferencia de los filósofos griegos que despreciaban el cuerpo, los cristianos lo honran porque es el templo del Espíritu Santo. El hecho de que el Hijo de Dios se dignara de tomar forma humana y vivir en un cuerpo humano refuta la actitud griega.

Inconformismo

El creyente maduro, rescatado del estilo de vida antiguo, ya no se ajusta a las normas de este mundo inicuo. "No dejen que el mundo los meta en su molde", es la traducción de J. B. Phillips del versículo 2. No debemos adoptar el colorido protector del camaleón mientras nos desplazamos en diferentes ambientes. Hablar de un "cristiano mundano" es tan anómalo como hablar de un "mentiroso veraz" o de un "ladrón honrado". Las palabras son antitéticas y por lógica se excluyen mutuamente.

Si somos cristianos maduros no nos cubriremos con el barniz de este siglo, y seremos inconformistas en lo que concierne a normas y prácticas mundanas. No permitiremos que el mundo escriba nuestra agenda ni decida lo que debemos hacer o ser.

En vez de eso, seremos "transformados", cambiados desde adentro. "No se adapten más a la forma del mundo actual —exhorta Pablo — sino sean transformados mediante la renovación de la mente." Esta renovación interior implicará un cambio en los pensamientos y las perspectivas sobre las cosas. La renovación no será una metamorfosis repentina sino un proceso iniciado y estimulado por una voluntad dedicada, y vigorizado por el Espíritu Santo.

Casi siempre suena como si el apóstol está abogando por un proceso de santificación mediante el esfuerzo propio, pero la realidad es que sólo está reconociendo que la mente ha sido afectada por la caída y debe ser renovada por el Espíritu Santo. En eso se requiere la plena cooperación del creyente. Debemos *seguir* repudiando las normas del mundo y volviendo a nuestra dedicación original. Se trata de un ejercicio racional en vez de emocional: "vuestro culto racional".

Con nuestra mente así renovada, podremos "comprobar cuál sea la... voluntad de Dios" para nosotros y hallaremos que es buena, agradable y perfecta. No podría ser de otra manera, ya que es la expresión de amor perfecto y conocimiento infinito.

El justo medio

La clave de Romanos 12 se encuentra en el versículo 3 en el cual hay en el griego un juego de palabras:

> Digo, pues, por la gracia que me es dada, a cada cual que está entre vosotros, que no tenga más alto concepto de sí que el que debe tener, sino que piense de sí con cordura, conforme a la medida de fe que Dios repartió a cada uno.

E. M. Blaiklock sugiere que las palabras "concepto", "concepto demasiado alto", "concepto cuerdo" captan el sentido del pasaje. La idea es obviamente la de autovaloración modesta. En vez de ser engreído, el creyente pensará prudentemente y cultivará cordura cristiana. La palabra griega *sofrosune*, que ocurre en este pasaje, expresa ese equilibrio mental ideal que nunca se precipita en adoptar posiciones extremas. La palabra tiene el significado de moderación y dominio propio. Para los griegos esta fue una virtud fundamental, el justo medio entre dos extremos. Como tal, está equilibrado delicadamente y puede resbalarse fácilmente a un lado u otro. Por ejemplo, la virtud de valor puede resbalarse en una dirección y degenerar en imprudencia, o puede resbalarse en la otra dirección y volverse cobardía. La virtud de pureza puede volverse o remilgo por una parte o impureza por otra.

Se ha de desarrollar ese equilibrio mental ideal en todas las relaciones de la vida. Ese equilibrio nos hará capaces de estimar justamente a Dios, a estimarnos a nosotros mismos y a apreciar nuestra capacidad y vocación "con cordura, conforme a la medida de fe que Dios repartió a cada uno".

Un cuerpo que funciona

Con su acostumbrada agudeza, Pablo emplea la figura del cuerpo para vincular doctrina con ética. Vuelve la atención de sus lectores del pensamiento puramente individualista y les recuerda que son parte de una sociedad cristiana. En el funcionamiento del organismo humano, Pablo halla un retrato ideal de la unidad, la diversidad y la reciprocidad que deben caracterizar relaciones dentro de la iglesia.

> Porque de la manera que en un cuerpo tenemos muchos miembros, pero no todos los miembros tienen la misma función, así nosotros, siendo muchos, somos un cuerpo en Cristo, y todos miembros los unos de los otros.
> Romanos 12:4-5

Ese es un retrato encantador de reciprocidad e interdependencia. El equilibrio mental nos llevará a soportar y tener paciencia con las acciones de otros y a tener una estimación modesta de nuestros propios dones. Aceptaremos que somos quiénes somos, y haremos todo lo posible para ser lo que Dios quiere que seamos. Mientras hagamos esto dependiendo del Espíritu, seremos transformados cada vez más en la semejanza de Cristo (véase 2 Corintios 3:18). Evitaremos los dos extremos de autoexaltación y autodepreciación.

Dones espirituales

De manera que, teniendo diferentes dones, según la gracia que nos es dada, si el de profecía, úsese conforme a la medida de la fe; o si de servicio, en servir; o el que enseña, en la enseñanza; el que exhorta, en la exhortación; el que reparte, con liberalidad; el que preside, con solicitud; el que hace misericordia, con alegría.

Romanos 12:6-8

Dones espirituales vienen del Dios uno y trino y se han de ejercitar para el beneficio de la iglesia. "Teniendo estos dones, usémoslos." No debemos permitir que estos dones dados por Dios se atrofien por el desuso. Este fue sin duda el concepto detrás de la exhortación doble de Pablo a Timoteo: "No descuides el don que hay en ti"; "Te aconsejo que avives el fuego del don de Dios que está en ti" (1 Timoteo 4:14; 2 Timoteo 1:6).

La profecía encabeza la lista, tal como lo hace en las otras categorías de dones espirituales en las epístolas. El significado principal de profecía es la proclamación de la voluntad de Dios de una manera que a la vez convencerá y edificará a los oyentes. También puede ser la predicción de acontecimientos futuros bajo la inspiración del Espíritu.

Tal como se emplea en el Nuevo Testamento, la profecía es la exposición inspirada de la verdad hablando bajo la influencia del Espíritu Santo y no como resultado de estudio y experiencia. Es un don que se puede controlar (véase 1 Corintios 14:32).

El servicio es un término amplio que incluye administración y otros servicios prácticos. Para éstos hay mucho lugar en la iglesia y la comunidad. Se empleó la palabra al hablar de la familia de Estéfanas que "se han dedicado al servicio de los santos" (1 Corintios 16:15), por lo visto ministrando a sus necesidades físicas. Es significativo que este don viene en segundo lugar en esta lista de dones espirituales. Afortunadamente para nosotros, ¡el cuerpo no es sólo lengua!

La *enseñanza* difiere de la profecía en que la enseñanza es instrucción y exhortación sistemáticas que provienen del estudio de la Palabra de Dios. El mensaje requiere explicación así como proclamación, y esta es la función especial del maestro. El maestro provee a los creyentes de material que hace más significativo su estudio particular.

La *exhortación (o, en la NVI, el animar a otros)*, aunque va ligada a la enseñanza y a menudo la acompaña, tiene otra dimensión. La enseñanza instruye a la mente, pero puede ser fría y estar orientada hacia datos, dejando impasibles las emociones y la voluntad. Feliz el maestro que combina en sí los dones de exhortación y aliento. Estos dones, cuando van ligados con amor y un ejemplo atractivo, pueden inflamar el corazón con amor a Dios y a otros. Fue este don que hizo de Bernabé el magnífico líder que llegó a ser.

Cuando era anciano, el doctor F. B. Meyer afirmó que si tuviera que volver a hacer su ministerio, dedicaría mucho más tiempo al ministerio de consuelo y aliento.

Hay un tipo de exhortación, sin embargo, que tiende a ser denunciadora y negativa. Esa exhortación es todo menos alentadora, y deja a los oyentes deprimidos en vez de animados. Hay que tratar fielmente con el pecado, pero lo importante es el tenor con el cual se hace. El propósito del aliento es animar a las personas a esforzarse más, a lograr más y a ser más santas.

La *liberalidad*, contribuir generosamente a las necesidades de los demás, puede tener una dimensión espiritual que añade mucho a la bendición que trae. Se ha dicho que un pecado está escondido detrás de cada virtud, y en este asunto el peligro sería una motivación indigna. Lo importante no es tanto lo que damos sino por qué damos.

No debemos dar esperando obtener ganancia o ventaja para nosotros mismos, sino que debemos dar por puro amor a Dios y amor a nuestro prójimo. Como dijo R. G. Le Tourneau una vez: "Si usted da a Dios porque el ser generoso compensa, no compensará." Nuestra benevolencia debe ser espontánea, generosa y particular.

El liderazgo. "Si Dios te ha concedido habilidades administrativas y te ha hecho responsable del trabajo de otros, cumple con seriedad tu deber", es la interpretación de esta cláusula de Romanos 12:8 en *La Biblia al Día*. Dirija con afán y entusiasmo. Un peligro inherente en el liderazgo parece ser pereza y letargo. El liderazgo exige esfuerzo extraordinario. Los verdaderos líderes no pedirán a otros un sacrificio que ellos mismos no están dispuestos a hacer. Considerarán su liderazgo como una vía de servicio y no como un puesto que confiere prestigio.

El hacer misericordia no se considera por lo general un don espiritual, y sin embargo así se clasifica aquí. A menudo se la asocia con el don pastoral, e incluye ministerio a los enfermos y necesitados en la comunidad. Los mensajeros de misericordia traerán viveza y alegría a los que están cargados y sufriendo. En esto los que hacen misericordia pueden esperar la ayuda especial del Espíritu Santo, quien ha impartido el don.

En la vida de nuestro Señor, se nos dice que "Dios ungió con el Espíritu Santo y con poder a Jesús de Nazaret" (Hechos 10:38a). ¿Con qué fin? "Éste anduvo haciendo bienes y sanando a todos los oprimidos por el diablo" (Hechos 10:38b). Para ese ministerio Él recibió esta preparación especial. Los ministros de misericordia pueden reclamar una unción parecida.

Amor genuino. "El amor sea sin fingimiento" (Romanos 12:9). "Amor" es una palabra que ha sido tristemente degradada en la sociedad contemporánea. En la Biblia está muy alto en la escala de virtudes de Dios. Eso es así forzosamente ya que "el amor es de Dios" y "Dios es amor".

El amor cristiano debe ser genuino y totalmente sincero, libre de vergüenza e hipocresía. La familia de Dios debe mostrar afecto mutuo (Romanos 12:10). Pero el amor cristiano todavía es un amor que ni condonará el mal ni pasará por alto el bien. Odiar el mal sin amar el bien engendra orgullo, mientras que el contrario hace de uno indulgente y sentimental. Siempre debe haber ese equilibrio mental cristiano que no se precipita en adoptar posiciones extremas. Cuando amamos de esa manera, no habrá lugar para un sentido de superioridad o orgullo. Con alegría honraremos a otros por encima de nosotros mismos.

18
LA AYUDA DEL ESPÍRITU PARA ALCANZAR LA MADUREZ

> Porque el Señor es el Espíritu; y donde está el Espíritu del Señor, allí hay libertad. Por tanto, nosotros todos, mirando a cara descubierta como en un espejo la gloria del Señor, somos transformados de gloria en gloria en la misma imagen, como por el Espíritu del Señor.
>
> 2 Corintios 3:17-18

> Seamos llevados a la madurez.
>
> Hebreos 6:1 (Westcott)

Como en todos los demás aspectos de la vida cristiana, el Espíritu Santo juega un papel vital en traer al creyente a la madurez. Muchas personas tienen un concepto menos claro de la persona y obra del Espíritu Santo que de los otros dos miembros de la Trinidad. Sin embargo, la Biblia es muy clara y explícita en cuanto a su personalidad divina y su ministerio en la vida del cristiano.

El Espíritu Santo es una persona divina que es *exactamente como Jesús.* Cuando nuestro Señor les dijo a sus discípulos que dentro de poco los dejaría, quedaron anonadados. Durante tres años sus vidas habían girado en torno a Él. ¿Cómo podrían vivir sin Él? A sus afligidos seguidores Jesús dio una promesa alentadora:

> Si me amáis, guardad mis mandamientos. Y yo rogaré al Padre, y os dará otro Consolador, para que esté con vosotros para siempre: el Espíritu de verdad . . . No os dejaré huérfanos; vendré a vosotros.
>
> Juan 14:15-18

La palabra griega para "otro" aquí quiere decir "otro de exactamente la misma clase", y la palabra Paracleto se emplea al hablar tanto de Jesús como del Espíritu Santo (véase 1 Juan 2:1). Así que Jesús prometía que, después que ascendiera al cielo, Aquel a quien enviaría para representarlo sería un Paracleto exactamente como Él: su otro "yo". Eso quiere decir que el Espíritu Santo puede ser conocido (véase Juan 14:17), y amado y obedecido de la misma manera que Jesús mismo. ¿No lo trae esto muy cerca de nosotros?

El Espíritu Santo está involucrado en cada fase de nuestra vida y experiencia espirituales. Fue Él quien inspiró la Biblia y ahora la ilumina para nuestra mente. Convence de pecado, justicia y juicio. Regenera e imparte nueva vida. Nos santifica, nos une con Cristo, y nos hace cada vez más santos conforme acatamos sus insinuaciones. Es el espíritu de oración y nos ayuda en nuestra debilidad en este campo. Produce fruto en el carácter y da poder para un testimonio eficaz. Es Él quien nos transforma a la semejanza de Cristo, y esa es la madurez espiritual.

La experiencia transformadora de Pentecostés

Después del descenso del Espíritu Santo en el día de Pentecostés, hubo una aceleración notable en el progreso de los discípulos hacia la madurez. Antes de ese acontecimiento trascendente, las marcas de la inmadurez espiritual eran muy evidentes en su vida y servicio. Eran simplemente hombres comunes y corrientes de su tiempo. Todos eran lentos en aprender (véase Lucas 24:45). Eran egoístas (véase Marcos 10:37,41). Estaban paralizados por temor a los judíos (véase Juan 20:19). En la hora de necesidad más profunda de Jesús en la cruz, todos "dejándole, huyeron" (Marcos 14:50). Eran hombres y mujeres corrientes, débiles, con muchos problemas, muy semejantes a nosotros.

Pero cuando en el día de Pentecostés "fueron todos llenos del Espíritu Santo" y se abandonaron a su control, tuvo lugar una transformación sobrecogedora. Los tímidos se volvieron valientes y los débiles poderosos. Los escépticos se convirtieron en creyentes y los egoístas se volvieron abnegados. Los lentos en aprender se tornaron estudiosos ávidos. Los individualistas llegaron a estar dispuestos a hundirse en un ministerio en equipo.

Todos se hicieron intensamente conscientes de la presencia de Cristo con ellos. El gozo y la acción de gracias fueron las piedras clave de su vida colectiva (véase Hechos 2:46-47). En su ministerio anterior habían causado poca agitación, pero ahora ganaron la reputación de ser "estos que trastornan el mundo entero".

Aunque Pentecostés, como el Calvario, fue un acontecimiento histórico que nunca se repetirá, se puede y debe perpetuarlo. Tal vez no se dupliquen todos los detalles acompañantes, pero se pueden reproducir el poder y el impulso interiores cuando estemos listos para ajustarnos a las leyes del poder espiritual.

El Espíritu nos ayuda a avanzar hacia la madurez

El Espíritu Santo nos ayuda en nuestro progreso hacia la madurez de varias maneras. Hebreos 6:1 (NVI): "Avancemos hacia la madurez", se puede traducir con igual grado de precisión: "Seamos llevados a la madurez." La implicación es que no se nos deja para que lo hagamos solos. Leemos en 2 Corintios 3:18 que esta transformación viene del Señor, quien es el Espíritu. Como el Paracleto, Él está a nuestro lado para ayudarnos, tal como implica esa palabra. ¿Cómo nos ayuda?

El Espíritu Santo nos revela a Cristo

> Pero cuando venga el Consolador . . . él dará testimonio acerca de mí.
>
> Juan 15:26

> El [Espíritu Santo] me glorificará; porque tomará de lo mío, y os lo hará saber.
>
> Juan 16:14

Esas son promesas directas tanto de revelación como de iluminación. El ministerio del Espíritu Santo es esencialmente cristocéntrico. Su gran objetivo es magnificar a Cristo y obtener en la vida de sus seguidores reconocimiento práctico de su señorío. En tanto que esto es nuestro objetivo también, podemos con confianza contar con su completa cooperación. No le interesa engrandecernos a nosotros, sino revelar la grandeza de Cristo.

Así como un telescopio no existe para revelarse a sí mismo sino sólo el objeto hacia el cual está dirigido, así también el Espíritu Santo se queda en el trasfondo y llama la atención sobre Cristo. Un estudio de las Escrituras — tanto el Antiguo Testamento como el Nuevo — revela que todo camino lleva a Cristo. Mientras lo honramos, el Espíritu Santo honrará nuestro testimonio de Cristo y pondrá su sello en él.

El Espíritu Santo nos guía en la voluntad de Dios

> Si sois guiados por el Espíritu . . .
>
> Gálatas 5:18

> Si vivimos por el Espíritu, andemos también por el Espíritu.
>
> Gálatas 5:25

El Espíritu Santo sabe cuál es la voluntad de Dios en cada situación, pues Él "intercede por nosotros . . . conforme a la voluntad de Dios" (Romanos 8:26-27).

El Espíritu Santo nos guía principalmente mediante la Biblia que ha hecho escribir y ha preservado para nosotros. En ella hay instrucción acerca de cada aspecto de la vida: principios morales y éticos, orientación en relaciones matrimoniales y familiares, enseñanza acerca la conducta social, y sobre todo, enseñanza infalible en todos los aspectos de la vida espiritual.

El Espíritu Santo nos lleva más hacia la voluntad de Dios al influir sobre nuestros procesos mentales conforme sometemos nuestra mente a su control. Juan Wesley testificó que Dios por lo general lo guiaba presentando varias razones a su mente por las cuales adoptar cierta conducta. Una vez que hemos llegado a la mejor decisión que podemos tomar a la luz de todos los hechos y las circunstancias, debemos resistir vigorosamente la tentación de desarraigar en incredulidad lo que hemos sembrado en fe.

Cuando no hay en la Biblia ninguna instrucción explícita acerca del asunto de que se trata, el Espíritu Santo guiará a los que están genuinamente dispuestos a hacer su voluntad (véase Juan 7:17) dándoles una convicción interior acerca del proceder correcto.

El Espíritu Santo hace posible que mantengamos a Cristo en el trono de nuestra vida

> Nadie que hable por el Espíritu de Dios llama anatema a Jesús; y nadie puede llamar a Jesús Señor, sino por el Espíritu Santo.
>
> 1 Corintios 12:3

Si se interpreta esta última declaración con literalismo inflexible, entonces no es cierta. Una persona inconversa puede repetir esas palabras. El tiempo del verbo, sin embargo, comunica el sentido siguiente: "Nadie puede *seguir diciendo*: 'Jesús es el Señor' de mi vida salvo por medio del poder que da el Espíritu Santo." Eso conlleva la garantía de que el poder del Espíritu está disponible para ese propósito.

Aun después que hemos entronado genuinamente a Cristo en nuestro corazón (véase 1 Pedro 3:15), es demasiado fácil retirar nuestra lealtad si el aliciente es lo bastante poderoso. Pero cuando el Espíritu Santo tiene el control de nuestra voluntad, tenemos el poder no sólo para resistir las seducciones del mundo, de la carne y del diablo, sino también para mantener a Cristo en el trono.

El Espíritu Santo nos transforma a la imagen de Cristo

> Por tanto, nosotros todos, mirando a cara descubierta como en un espejo la gloria del Señor, somos transformados de gloria en gloria en la misma imagen, como por el Espíritu del Señor.
>
> 2 Corintios 3:18

Aquí está la aseveración llana de que mientras estamos pasando tiempo contemplando las glorias y las virtudes de Cristo, el Espíritu Santo nos está cambiando progresivamente en su imagen. Llegamos a ser como los a quienes admiramos. Mientras miramos y anhelamos y pedimos ser más como Cristo, sin ninguna volición consciente de nuestra parte, el Espíritu Santo introduce poco a poco en la estructura de nuestra vida las mismas virtudes y gracias del que más admiramos y amamos: "Somos transformados... en la misma imagen."

El proceso de digestión ofrece un paralelo interesante. Ingerimos nuestros alimentos y nos olvidamos de ellos. Entonces, completamente aparte de cualquier volición consciente de nuestra parte, los órganos digestivos entran en funciones y cambian la comida en sangre, hueso y tejido. Precisamente de la misma manera, mientras pasamos tiempo contemplando a Cristo y toda su gloria y gracia, el Espíritu Santo toma las mismas cualidades que vemos y admiramos en Él y las introduce en lo más profundo de nuestra vida espiritual. Esa "imagen" tiene dos partes.

En primer lugar, se reproduce progresivamente en nosotros *la visión objetiva* de la gloria del Señor tal como se revela en las Escrituras: su carácter intachable, persona única, amor incondicional y poco exigente, y sobre todo su trabajo mediador; en resumen, la excelencia moral de su carácter y conducta.

> ¡Muéstrame tu rostro! Una vislumbre fugaz
> de tu hermosura divina,
> y nunca pensaré o soñaré
> en otro amor que el tuyo.
> Toda luz menor se oscurecerá,
> todas las glorias inferiores menguarán,
> la bella tierra apenas
> parecerá otra vez bella.
>
> ¡Muéstrame tu rostro! Mi fe y amor
> de ahora en adelante estarán fijos,
> y ninguna otra cosa
> tendrá poder para perturbar
> la serenidad de mi alma.
> Mi vida parecerá un rapto, un sueño,
> y todo lo que siento y veo
> ilusorio, visionario.
> Tú eres la única Realidad.
>
> Anónimo

Entonces la visión objetiva da por resultado una *transfor-*

mación subjetiva: "Somos transformados... en la misma imagen." Dios no está satisfecho con nosotros tal como somos. Nosotros tampoco debemos estar satisfechos con nosotros mismos, pues hemos sido predestinados "para que [seamos] hechos conformes a la imagen de su Hijo" (Romanos 8:29), y nos queda mucho camino por delante.

Eso se logrará no por imitación externa sino por transformación interna. ¿Con qué fin? La palabra "mirando" en nuestro texto también se puede traducir "reflejando". Miramos, contemplamos su gloria y entonces la reflejamos hacia otros. "Los que miraron a él fueron alumbrados", dijo el salmista (Salmo 34:5).

Al principio del siglo, el Reverendo George C. Grubb, un piadoso ministro anglicano, fue el instrumento de Dios en la conversión de centenares de personas en Australia y Nueva Zelanda. Mientras viajaba por barco de la India a Australia, tenía la costumbre de dar un paseo por la cubierta después de desayunar. Tenía mucho encanto, y la gente le respondía sonriéndole.

Una madre con una niñita se acercaba, y el les sonrió alegremente. Después que habían pasado, la niña dijo a su madre: "Mamá, ¿era ese hombre Jesús?"

Ella había encontrado a alguien que jugaba con su concepto infantil de cómo sería Jesús. Bien pudiéramos codiciar un poco de ese encanto o del resplandor inconsciente de Moisés.

Y aconteció que descendiendo Moisés del monte Sinaí con las dos tablas del testimonio en su mano, al descender del monte, no sabía Moisés que la piel de su rostro resplandecía, después que hubo hablado con Dios.

Éxodo 34:29

El Espíritu Santo hace posible que vivamos y andemos en el Espíritu

Digo, pues: Andad en el Espíritu, y no satisfagáis los deseos de la carne.

Gálatas 5:16

Si vivimos por el Espíritu, andemos también por el Espíritu.

Gálatas 5:25

> Porque el deseo de la carne es contra el Espíritu, y el del Espíritu es contra la carne.
>
> Gálatas 5:17

Una cosa es entrar en la vida cristiana, pero otra completamente diferente mantener un andar consecuente e íntimo con Dios. El primer paso debe extenderse, convirtiéndose de un modo de andar, y eso exige tanto propósito como disciplina.

En los pasajes anteriores, vivir y andar en el Espíritu se oponen a andar conforme a los deseos de nuestra naturaleza pecaminosa. Se emplean dos palabras griegas diferentes para "andar" en los versículos 16 y 25.

La primera es la palabra corriente para caminar, y se refiere a nuestra conducta en la vida corriente, nuestras actividades diarias. Debemos vivir con la conciencia de que nuestros cuerpos son templos del Espíritu Santo. Se pudiera traducir el pasaje así: "Constantemente organiza tu estilo de vida mediante la guía del Espíritu, y entonces no serás desviado por los deseos de tu naturaleza pecaminosa."

La segunda palabra quiere decir "un andar acompasado", como por ejemplo andar al paso o en fila, andar como un ejército. Implica esfuerzo conjunto o acción coordinada, y en esto es el Espíritu Santo que ha de guiar. "Si sois guiados por el Espíritu, no estáis bajo la ley" (Gálatas 5:18). El tiempo del verbo en el versículo 25 da el significado: "Sigamos andando en el Espíritu" como costumbre fija, obedeciendo su guía y dependiendo de su poder.

Cuando se toman los versículos 16 y 25 en conjunto, dan a entender que hemos de reconocer al Espíritu como el Guía en nuestra vida personal, en todas nuestras decisiones y acciones. Cuando participamos en acción conjunta o coordinada, todavía es el Espíritu que ha de guiar y disciplinar nuestro esfuerzo controlado.

Cuando cometemos errores en nuestra vida personal o cuando nuestras relaciones con los demás están dañadas, la implicación es que o no hemos buscado la guía del Espíritu, o no hemos sido obedientes a sus insinuaciones.

19

EL NUEVO PACTO HACE POSIBLE LA MADUREZ

> Y si el ministerio de muerte... fue con gloria... ¿cómo no será más bien con gloria el ministerio del espíritu?
>
> 2 Corintios 3:7-8

> Porque reprendiéndolos [Dios] dice: He aquí vienen días, dice el Señor, en que estableceré con la casa de Israel y la casa de Judá un nuevo pacto... Este es el pacto que haré con la casa de Israel después de aquellos días, dice el Señor: Pondré mis leyes en la mente de ellos, y sobre su corazón las escribiré; y seré a ellos por Dios, y ellos me serán a mí por pueblo; y ninguno enseñará a su prójimo, ni ninguno a su hermano, diciendo: Conoce al Señor; porque todos me conocerán, desde el menor hasta el mayor de ellos. Porque seré propicio a sus injusticias, y nunca más me acordaré de sus pecados y de sus iniquidades.
>
> Hebreos 8:8, 10-12

El cristiano maduro ha cambiado la futilidad y frustración de vivir bajo el antiguo pacto de la ley por la libertad y gozo del nuevo pacto de gracia. La mano muerta de una ley que traía sólo muerte y condenación ha perdido las fuerzas y cedido ante una ley superior que trae vida y liberación.

Un pacto es un acuerdo mutuo con fuerza obligatoria que pone fin a la incertidumbre. Pero en realidad, los pactos que contraen los hombres y las mujeres son indicios de desconfianza en vez de confianza. Es una falta de confianza mutua el uno en el otro lo que exige un acuerdo formal. ¡Qué clemente es nuestro Dios al encontrarnos en este nivel tan bajo!

El antiguo pacto

El pacto que Dios contrajo con Abraham (y después confirmó con Moisés) fue *imperfecto,* no por ningún defecto intrínseco, sino porque dependía de la obediencia, una obediencia que los hombres y las mujeres constantemente dejaban de dar. El pacto era *impotente* porque no impartía la fuerza dinámica para obediencia. Como aseveró Pablo: "Porque lo que la ley era incapaz de hacer, por restarle fuerzas la naturaleza pecaminosa, lo hizo Dios al enviar a su propio Hijo" (Romanos 8:3, NVI). Además de eso, el pacto fue *imposible* de guardar, porque "los que se someten a la naturaleza pecaminosa no pueden agradar a Dios" (Romanos 8:8, NVI).

¿Por qué, pues, hizo Dios tal pacto? El antiguo pacto de la ley fue *educativo* en su propósito. Tuvo por fin despertar en el pueblo de Dios un sentido de su propia incapacidad innata de llevar una vida santa y de su propio carácter pecaminoso inherente: su absoluta incapacidad de hacer frente, sin ayuda, al pecado de su propia naturaleza. El antiguo pacto fue *externo*, una serie de severas prohibiciones y negativas legales con las cuales el pueblo descubrió que no podía cumplir. Inevitablemente los llevó a la experiencia que Pablo describe en términos muy intensos:

> Así que, queriendo yo hacer el bien, hallo esta ley: que el mal está en mí. Porque según el hombre interior, me deleito en la ley de Dios; pero veo otra ley en mis miembros, que se rebela contra la ley de mi mente, y que me lleva cautivo a la ley del pecado que está en mis miembros. ¡Miserable de mí! ¿quién me librará de este cuerpo de muerte?
>
> Romanos 7:21-24

El nuevo pacto

Tanto Jeremías como Ezequiel, cada uno de los cuales había experimentado la esclavitud y desesperanza del antiguo pacto, previeron por iluminación divina que amanecería un nuevo día que anunciará un pacto nuevo y mejor, uno que remediaría los defectos del antiguo. La gloria del nuevo pacto consistía en el hecho de que no sólo exigiría sino que también daría poder. En resumen, sería un pacto que se aseguraría contra fracaso de parte de la humanidad.

Ante el mandato divino: "Seréis, pues, santos, porque yo soy santo", el creyente que está luchando contra la tiranía del pecado se desalienta debido a la incapacidad de vencer. "No es la capacidad de Dios de librarme de mi pecado lo que dudo — dice el creyente lamentándose —. Es mi propia deplorable debilidad lo que temo." Fue para responder a esta misma objeción y para proveer tanto motivación como poder para la obediencia que Dios instituyó el nuevo pacto. Sus provisiones estaban adaptadas exactamente para la necesidad de hombres y mujeres que habían fracasado.

A diferencia del antiguo pacto, que fue *externo*, impuesto desde afuera, el nuevo pacto es *interno*: "escrita no con tinta, sino con el Espíritu del Dios vivo; no en tablas de piedra, sino en tablas de carne del corazón" (2 Corintios 3:3). Además de eso, contiene las promesa tranquilizadora de que se impartirá la misma disposición de hacer la voluntad de Dios.

En el antiguo pacto las expresiones clave son: "Harás, no harás." La expresión clave del nuevo pacto es el clemente "Haré" de Dios. Lo que el antiguo exige, el nuevo lo provee y hace posible.

Con nuestro trasfondo de conocimiento de la doctrina de gracia, nos es difícil formarnos una idea de lo sorprendente e increíble que debían de haber parecido esas disposiciones revolucionarias a los judíos que durante siglos habían sido aplastados bajo el peso insoportable de la ley con los acompañantes acrecentamientos rabínicos. Para ellos resultó ser un concepto totalmente nuevo e increíble, la absoluta antítesis de todo lo que habían creído y practicado.

Ezequiel añade algunas otras promesas igualmente asombrosas:

> Esparciré sobre vosotros agua limpia, y seréis limpiados de todas vuestras inmundicias; y de todos vuestros ídolos os limpiaré. Os daré corazón nuevo, y pondré espíritu nuevo dentro de vosotros; y quitaré de vuestra

carne el corazón de piedra, y os daré un corazón de carne. Y pondré dentro de vosotros mi Espíritu, y haré que andéis en mis estatutos, y guardéis mis preceptos, y los pongáis por obra.

Ezequiel 36:25-27

Es un indicio de madurez cuando los creyentes aprovechan y se regocijan en la liberación de la esclavitud de su esfuerzo propio, el cual había sido su decepcionante experiencia bajo el antiguo pacto, y comienzan a deleitarse en la libertad del nuevo. Ya no están limitados a sus propios esfuerzos débiles y sin ayuda para lograr una santidad inaprensible. Ahora depende de la creciente y constante actividad del Espíritu Santo en su vida. Esta es vida de verdad.

Bendiciones del nuevo pacto

Se describe el nuevo pacto como "un mejor pacto". ¿En qué sentidos es mejor que el antiguo? A continuación se consideran algunos de los beneficios que imparte:

Percepción espiritual
"Pondré mis leyes en la mente de ellos."

Hebreos 8:10

Dios sabe por dónde comenzar. Los sacerdotes infieles de aquellos días habían fracasado tristemente como intérpretes de la ley. No podían comunicar al pueblo su significado interior. Pero con la venida del nuevo pacto se remedió ese defecto. El Espíritu Santo les abriría los ojos para que percibieran los matices, el significado más profundo de la ley, de la misma manera que lo hizo Cristo en su Sermón del monte.

Aspiración espiritual
"Sobre su corazón las [mis leyes] escribiré."

Hebreos 8:10

Ezequiel había descrito su corazón como "corazón de piedra", frío e insensible, rebelde y obstinado. Pero ahora viene la promesa: "Os daré *corazón nuevo* . . . quitaré de vuestra carne el corazón de piedra, y os daré un corazón de carne", blando e impresionable (Ezequiel 36:26, cursivas añadidas). Dios nos dará un corazón en el cual la aspiración es igual al deseo.

Dios ha escrito su ley en el corazón de las aves migratorias. Está escrita allí tan indeleblemente que podemos ajustar nuestro calendario por la fecha de su migración y regreso. Ha escrito su ley tan imborrablemente en la semilla del pino que sólo puede reproducir pinos. ¿Acaso se debiera creer increíble que Dios pueda escribir su ley en nuestro corazón? Lo que ha hecho en la naturaleza, ¿no lo puede hacer en gracia?

Afinidad espiritual

> Vosotros me seréis por pueblo, y yo seré a vosotros por Dios.
>
> Ezequiel 36:28

> Pondré dentro de vosotros mi Espíritu.
>
> Ezequiel 36:27

¡Qué privilegio más sublime, que el Dios trino y uno habite en nosotros! Nada hay de mayor importancia para el crecimiento en la vida cristiana que nuestra relación con Dios. Esta es la promesa trascendente del nuevo pacto. Bien se ha dicho que Dios no les ha dado a sus hijos el universo: eso sería muy poco. Nos ha dado a sí mismo.

Logros espirituales

> Todos me conocerán, desde el menor hasta el mayor de ellos.
>
> Hebreos 8:11

El conocimiento de Dios que aquí se promete no es tanto el producto de enseñanza externa y estudio como de iluminación interior. ¿No fue esto uno de los acompañamientos del don del Espíritu Santo en el día de Pentecostés?

En el ardiente sermón de Pedro, dio pruebas de que los antiguos pasajes bíblicos que había memorizado ahora resplandecían con nuevo significado. Bajo la iluminación del Espíritu, había comprendido el significado de profecías que anteriormente habían sido para él como un libro cerrado (véase Hechos 2:14-16).

Nosotros, también, tenemos "la unción del Santo, y conocéis

todas las cosas", escribió Juan (1 Juan 2:20). Bajo la enseñanza de Dios, Él puede volverse Aquel a quien mejor conocemos.

Absolución espiritual

> Seré propicio a sus injusticias, y nunca más me acordaré de sus pecados.
>
> Hebreos 8:12

> Esparciré sobre vosotros agua limpia, y seréis limpiados.
>
> Ezequiel 36:25

La luz que arroja el Espíritu Santo sobre la Palabra de Dios producirá en el creyente un aborrecimiento de sí mismo y un odio del pecado. "Y os acordaréis de vuestros malos caminos, y de vuestras obras que no fueron buenas; y os avergonzaréis de vosotros mismos por vuestras iniquidades y por vuestras abominaciones" (Ezequiel 36:31). Pero en la gracia de Dios, hay absolución espiritual para el penitente.

La estipulación fundamental del nuevo pacto — muy distinto del antiguo — es que *se descarta para siempre todo pecado*. Dios no sólo perdona todo pecado, sino que se olvida de él. Qué contraste con la remisión temporal y anual de pecados que fue lo mejor que podía ofrecer el pacto antiguo.

Se pueden resumir sucintamente las bendiciones prometidas: perdón del pecado, pureza de corazón, y lo más maravilloso de todo, la presencia continua de Dios.

El fiador del pacto

En el antiguo pacto había dos partes, y su éxito y validez dependían de que ambas partes cumplieran fielmente sus obligaciones. En eso, Israel fracasó pésimamente.

En el nuevo pacto, también, había dos partes, pero la diferencia fue que Jesús asumió las obligaciones de fiador del pacto. Un fiador es una persona que afianza a la parte más débil y garantiza de parte de ésta que se cumplirán las obligaciones contraídas bajo el acuerdo. Es decir, bajo las condiciones del acuerdo Él se compromete a hacer que sus endebles hijos cumplan sus estipulaciones por medio de la ayuda del Espíritu Santo que habita en ellos. Como Él es nuestro garante,

Dios no exigirá justicia dos veces,
primero de la mano de mi sangrante Fiador
y después de la mía.

Nuestra parte del acuerdo es dejar el esfuerzo propio carnal con miras a alcanzar santidad, y depender del Espíritu Santo como el agente de nuestra santificación. Él responde a nuestra confianza impartiendo tanto el deseo como el poder para la obediencia.

El pacto antiguo exigía *actos de obediencia.* El nuevo pacto espera una *actitud de confianza* en Dios. Eso no excluye la necesidad de esfuerzo moral. No podemos relajarnos y dejar que Dios lo haga todo. Tendremos que luchar, pero ya no será la batalla perdida de esfuerzo propio sin ayuda, sino "la buena batalla de la fe" en un Dios omnipotente.

La gloria del nuevo pacto — esa es la expresión que empleó Pablo — está en el hecho de que satisface exactamente las necesidades de hombres y mujeres que están fracasando pero también tienen aspiraciones. No se dio sólo para una élite espiritual, un club santo. Fue diseñado para personas que se habían arruinado la vida, y en eso está su mensaje optimista. No vivamos más bajo la lúgubre sombra del antiguo pacto; entremos más bien en las bendiciones del nuevo.

Bajo la ley de Cristo

Se debe entender que la declaración "no estamos bajo la ley, sino bajo la gracia" no quiere decir que podamos ser antinomistas — teniendo fe pero no buenas obras — y no bajo ninguna ley en absoluto. La Biblia nos dice que no estamos bajo la ley *como medio de justificación,* pero sí estamos "bajo la ley de Cristo" (1 Corintios 9:21), la ley de amor y lealtad que hace del deber y de la obediencia una delicia. Ahora obedecemos a Dios, no porque tenemos que hacerlo, sino porque lo amamos, y Él nos ha dado el impulso y el deseo de obedecer (véase Filipenses 2:13).

El único modo en que posiblemente se pudiera idear un pacto mejor sería destruyendo nuestra personalidad y retirando nuestro libre albedrío. Pero eso nos reduciría a la condición de robots, y Dios no busca robots que lo adoren; quiere adoradores inteligentes y responsables. Como dijo Jesús: "La hora viene, y ahora es, cuando los verdaderos adoradores adorarán al Padre en espíritu y en verdad; porque también el Padre tales adoradores busca que le adoren" (Juan 4:23).

El cristiano maduro preguntará: "¿En la práctica estoy viviendo bajo el pacto antiguo con sus imperfecciones, o estoy viviendo bajo el nuevo pacto con sus beneficios y bendiciones?" Si la respuesta es el primero, el creyente no tardará en abandonar el antiguo y adherirse al nuevo.

20

LA SENILIDAD INDEBIDAMENTE PREMATURA

Acerca de esto tenemos mucho que decir, y difícil de explicar, por cuanto os habéis hecho tardos para oír. Porque debiendo ser ya maestros, después de tanto tiempo, tenéis necesidad de que se os vuelva a enseñar cuáles son los primeros rudimentos de las palabras de Dios; y habéis llegado a ser tales que tenéis necesidad de leche, y no de alimento sólido. Y todo aquel que participa de la leche es inexperto en la palabra de justicia, porque es niño; *pero el alimento sólido es para los que han alcanzado madurez,* para los que por el uso tienen los sentidos ejercitados en el discernimiento del bien y del mal.

Hebreos 5:11-14, cursivas añadidas

Por eso, dejando a un lado las enseñanzas elementales acerca de Cristo, avancemos hacia la madurez.

Hebreos 6:1 (NVI)

Este pasaje enseña que la madurez espiritual no es una cuestión de edad sino de actitudes. El escritor está expresando su preocupación por el retroceso espiritual que había tenido lugar en la vida de los creyentes hebreos a quienes escribía. Si el peligro de los cristianos corintios había sido el de *la inmadurez espiritual* — una infancia excesivamente prolongada — los creyentes hebreos estaban amenazados con otro peligro serio: *el retroceso espiritual,* una senilidad espiritual prematura.

Algunos comentaristas sostienen que Hebreos 5:11 — 6:6, un pasaje notoriamente difícil de interpretar, se refiere a los incrédulos, las personas cuya profesión de fe fue sólo nominal. Otros, como ha indicado W. H. Griffith Thomas, mantienen que cada palabra importante del pasaje se aplica a los creyentes genuinos en otras partes de la Biblia. Si es así, y se trata de creyentes de verdad, la conclusión sería que eran cristianos que en un momento habían estado avanzando hacia la madurez pero que habían retrocedido a una "segunda niñez" espiritual.

El escritor reventaba de afán por comunicarles las verdades más profundas del sumo sacerdocio de Cristo "según el orden de Melquisedec" y todas las bendiciones concomitantes; pero fue frustrado por la insensibilidad y el letargo espirituales de los lectores. No siempre habían sido así.

La senilidad es independiente de la edad

La senilidad espiritual es un trastorno que no está limitado a los ancianos. Es trágico pero cierto que, si se nos permite acuñar una palabra, los creyentes pueden *desaprender* la verdad espiritual; pueden perder su agudeza espiritual. Verdades que en un momento los absorbían y embelesaban pueden convertirse en letra muerta y dejarlos impasibles. La razón de esta posibilidad es que la comprensión de la verdad espiritual no es un ejercicio puramente intelectual. Es aún más una cuestión de iluminación por el Espíritu Santo quien, además de ser el inspirador de la Palabra de Dios, es también su intérprete. Nuestro relación con el Espíritu Santo es, por lo tanto, de importancia primaria en nuestro progreso hacia la madurez.

"Ustedes son lentos para entender" es la traducción de la Versión Popular de Hebreos 5:11. Estos creyentes no eran siempre así, pero por alguna razón había comenzado el deterioro, y ahora habían llegado a ser insensibles a las insinuaciones del Espíritu. Su comprensión había llegado a ser menos sensible que en los primeros días de su primer amor, y se habían vuelto apáticos e indiferentes. Esta actitud de mente y corazón no sólo impide el crecimiento, sino que también conduce a un retroceso espiritual. No hay lugar para lasitud mental en la vida cristiana. Nos corresponde "ceñir los lomos de nuestro entendimiento" y poner toda nuestra concentración en descubrir lo que Dios nos dice en su Palabra.

El peligro de retroceso inconsciente existe para todos. Oseas emplea una figura retórica apropiada con relación a esto. Al referirse a Efraín, dijo: "Aun canas le han cubierto, y él no lo supo" (Oseas 7:9). Las canas son por lo general el primer indicio de virilidad física decadente, y ésta tiene su paralelo en la esfera del Espíritu.

Las canas vienen sin dolor y sin previo aviso. La decadencia espiritual no tiene que ser consciente e intencionada. En realidad, el descarriarse es rara vez el resultado de una decisión intencionada. La visión y el entusiasmo siempre tienden a disminuirse. Hay que echar leña al fuego o la llama se apagará. Históricamente el deterioro de Efraín (empleado aquí para hablar de toda la nación de Israel), comenzó con una alianza impía con los despiadados e idólatras asirios. Esto a su vez llevó a inmoralidad y debilitó la estructura de toda la nación.

Deterioro inconsciente

La advertencia es clara. Debemos estar alertas para detectar los primeros síntomas de la senilidad espiritual prematura cuando aparezcan en nuestra vida interior, pues no es muy difícil salvar las apariencias espirituales mientras falta la realidad interior.

El conmoción de descubrir nuestras primeras canas por lo general tiene lugar mientras estamos delante del espejo. La ignorancia de nuestra condición verdadera bien pudiera ser el resultado de olvidarnos de usar el espejo de la Palabra, el cual refleja fielmente el original sin retocar. El deterioro comienza cuando estamos demasiado ocupados o flojos para comparar nuestra vida con las normas de la Biblia y ajustarla.

En el caso de Efraín la tragedia estaba en las palabras "y él no lo supo": ignorancia trágica e innecesaria. Una tragedia parecida, aunque en la esfera física, sorprendió a Sansón, de quien se escribió: "Pero él no sabía que Jehová ya se había apartado de él" (Jueces 16:20). Los resultados en su caso son muy conocidos.

Una manera de tratar las canas es teñirlas. Pueden tener un aspecto más joven, pero por debajo siguen siendo canas. La única manera totalmente satisfactoria de tratarlas es arrancarlas de raíz! Doloroso, pero eficaz. ¿No fue eso lo que pensaba nuestro Señor cuando dijo: "Si tu ojo derecho te es ocasión de caer, sácalo, y échalo de ti" (Mateo 5:29)?

Fíjese en las tres acusaciones del escritor contra los cristianos hebreos. En primer lugar, se habían vuelto lentos en oír la Palabra de Dios y elaborar las implicaciones del discipulado (Hebreos 5:11). En segundo lugar, ahora necesitaban que alguien volviera a enseñarles las verdades elementales del evangelio (Hebreos 5:12). En tercer lugar, habían vuelto a la infancia y eran inexpertos en la palabra de justicia (Hebreos 5:13).

Los cristianos hebreos ahora tenían poco apetito para las cosas más profundas de la Palabra de Dios y estaban contentos con los rudimentos de la verdad: perdón del pecado, escape del infierno, esperanza del cielo. Todavía eran ortodoxos en sus creencias, pero eran lentos en poner la verdad en práctica. El escritor siente que debe moverlos mediante reprensiones y advertencias severas.

La inmadurez espiritual en un cristiano mayor no es una debilidad simpática sino un verdadero pecado. Pero no es sólo el cristiano mayor que puede retroceder. Esto puede suceder con creyentes más jóvenes que dejan de reconocer en la práctica el señorío de Cristo, y así contristan al Espíritu Santo. El descuido del cultivo de la vida interior exacerbará esta condición.

Debemos tener cuidado, sin embargo, de no menospreciar o subvalorar las doctrinas elementales de la fe. Aunque el evangelio es en cierto sentido sencillo, de ninguna manera es completamente elemental. Comienza con las verdades sencillas pero avanza hacia enseñanzas más profundas, verdades que dejan perplejo al filósofo más profundo.

Se exhortaba a los cristianos hebreos a avanzar de las enseñanzas elementales del judaísmo hasta la última religión, el cristianismo. Tanto Pablo como el autor del libro de Hebreos se refieren a las enseñanzas elementales de la Biblia como "leche"; pero no lo hacen de manera despectiva, pues la leche no es apropiada ni suficiente para un adulto maduro. "El alimento sólido es para los que han alcanzado madurez."

Tres campos de retroceso

Consideremos tres campos de deterioro que indicaban la condición de estos creyentes.

Lentitud en oír la palabra y alcanzar agudeza espiritual

A los cristianos hebreos los había rendido la inercia espiritual: una condición que todavía es común entre cristianos de la tercera generación. No estaban entre los que habían tenido hambre y sed de justicia (véase Mateo 5:6). Dejaban de invertir esfuerzo mental y moral en su vida. Se habían olvidado de que hay algo que debemos hacer si vamos a madurar espiritualmente. Dios no pensará por nosotros, ni leerá la Biblia y orará en vez de nosotros. Esto nos corresponde a nosotros, y si dejamos de hacerlo, nuestras facultades se atrofiarán.

En su juventud Carlos Darwin era devoto apasionado tanto de la música como de la literatura. Posteriormente, se dedicó tan completamente a sus estudios científicos que la música y la literatura quedaron excluidos de sus hábitos diarios. Cuando Darwin estaba a punto de retirarse de sus investigaciones científicas, esperaba con mucha ilusión reanudar sus viejas aficiones, pero para su consternación descubrió que había perdido su gusto por ellas, y fue incapaz de hacer revivir su antigua pasión por la música y la literatura. Sus poderes de aprecio de esas formas de arte se habían atrofiado por desuso. Algo parecido les había acontecido a los cristianos hebreos.

Su insensibilidad a la voz del Maestro en su Palabra tiene un paralelo en el pastor oriental y sus ovejas. Se dice que cuando una oveja no responde a la voz del pastor, es un indicio de que está enferma. El Buen Pastor tiene muchas ovejas enfermas en su grey. Han perdido el apetito espiritual y son víctimas fáciles de las huestes merodeadoras del mal que obran por medio de falsos maestros y sectas falsas.

El doctor A. W. Tozer lamentó el hecho de que tantos creyentes no estuvieran siquiera tan avanzados como lo habían estado algunos años antes.[1] Habían conocido días en el pasado cuando su fe era más aguda, su amor más afectuoso, sus

---

[1] A. W. Tozer, *I Talk Back to the Devil* (Harrisburg, Pensilvania: Christian Publications, Inc., 1972), p. 45.

lágrimas más cerca de la superficie, su amor a la oración mayor, su separación y pureza más brillantes que ahora.

Gracias a Dios que esta condición no tiene que perpetuarse. ¡Hay modo de volver!

> Hay una vía por la que puede subirse
> hasta llegar a esa morada sublime;
> una ofrenda y un sacrificio,
> las energías de un Espíritu Santo,
> un abogado con Dios.
>
> T. Binney

Incapacidad de enseñar a otros

> Debiendo ser ya maestros, después de tanto tiempo, tenéis necesidad de que se os vuelva a enseñar cuáles son los primeros rudimentos de las palabras de Dios.
>
> Hebreos 5:12

Este es el segundo campo de retroceso posible. No se trata aquí del don espiritual especial del maestro. En su sentido común y corriente el arte de enseñar es la capacidad de comunicar verdad, y en este sentido todos los cristianos deben ser maestros, trasmitiendo a otros la verdad que han aprendido y experimentado. Se puede hacer eso de manera tanto informal como formal. Estamos obligados a dar a conocer nuestros descubrimientos a otros que los necesiten y puedan sacar provecho de ellos.

Es asombroso el enriquecimiento que acompaña la comunicación de verdad valiosa unos con otros. Nada estimulará más un apetito espiritual cansado. La señal de la madurez en creyentes es que tienen un entusiasmo por llevar a otros a la agradable experiencia de la cual ellos mismos disfrutan. Se deleitan en enseñar a otros las verdades progresivas de la Biblia.

> Dejando de dar, dejamos de tener; así es la ley del amor.
>
> R. C. Trench

Reversión a la infancia

> Tenéis necesidad de leche, y no de alimento sólido. Y todo aquel que participa de la leche es inexperto en la palabra de justicia, porque es niño; pero el alimento sólido es para los que han alcanzado madurez.
>
> Hebreos 5: 12-14

Una tercera prueba de degeneración espiritual es reversión a la infancia. Los creyentes *corintios* eran niños espirituales por lo que *hacían*. Los cristianos *hebreos* habían saltado atrás a la infancia por lo que *dejaban de hacer*. Conforme disminuía su apetito por la carne sólida de la Palabra, se debilitaban sus poderes de digestión, hasta que llegaron al punto donde no podían asimilar alimento sólido y una vez más tenían que ser amamantados.

Carne fuerte es para personas fuertes, y carne fuerte hace fuertes a las personas. Un creyente llega a ser maduro mediante el estudio diligente de las Escrituras, el cual hace posible que formule normas de conducta que se ajusten a la Palabra. El creyente tiene cuidado de llevar verdades bíblicas a la práctica. Pero estas pruebas faltaban en los Hebreos.

"Tengo que repetirles el abecé de la revelación de Dios a los hombres" es la versión de Hebreos 5:12 que da J. B. Phillips. La afirmación "Me encanta el evangelio sencillo" puede ser buena o mala. Puede ser buena, porque el evangelio en su sencillez es alimento apropiado para el niño espiritual recién nacido. Al niño le aprovecha la iteración y reiteración de la verdad fundamental del evangelio. Hay un evangelio para niños en Cristo.

Pero esa declaración puede ser mala cuando se escucha de los labios de un cristiano mayor, si quiere decir que esa persona no ha seguido y probado lo más hondo de las verdades más profundas del evangelio. El creyente está confesando retroceso en vez de progreso en su experiencia cristiana.

Nunca debemos subvalorar "el evangelio sencillo" con toda su hermosura y atractivo, pero debemos avanzar de ese punto hasta que aprendemos a regocijarnos en el evangelio en toda su profundidad. Y el evangelio sencillo es profundo. Agotó la sabiduría de Dios. Hay un evangelio tan sencillo que el niño pequeño lo puede comprender. Ese mismo evangelio es tan profundo que agotará la sabiduría del filósofo erudito. No debemos permitir que la frase pía encubra pereza mental y espiritual, sino que debemos entregarnos a excavar el oro de la mina de las Sagradas Escrituras.

Por otra parte no debemos subestimar la capacidad del nuevo cristiano de asimilar algunas de las verdades más profundas. Tampoco debemos restringir al creyente nuevo a una dieta de leche por demasiado tiempo. Como lo dijo un escritor, el predicador no debe quejarse de la inmadurez de su grey si sólo les alimenta de leche.

Hay que ayudar a los cristianos jóvenes a graduarse de:

> Gracias, Dios, por la salvación,
> Gracias, Dios, por tu gran perdón,
> Gracias, Dios, por darme a mí
> la vida eterna. ¡Oh gloria a ti!

Mientras se regocijan en esa realidad siempre nueva y gloriosa, deben continuar avanzando hacia la madurez, de la doctrina de justificación a la santificación; de la muerte expiatoria de Cristo por nosotros, a nuestra identificación con Él en esa muerte. El alimento sólido para el maduro incluye una comprensión de lo que significa la vida en los lugares celestiales; la autoridad del creyente en la lucha con Satanás; las bendiciones que acompañan al sumo sacerdocio de Cristo. Tal alimento espiritual desarrolla músculo y tendones en la vida espiritual.

La receta

El diagnóstico debiera conducir a la prescripción del remedio. ¿Cómo se puede recuperar este terreno perdido? El primer paso, obviamente, es la franca confesión de que ha tenido lugar retroceso y de que no sólo es lamentable sino pecaminoso. Entonces se puede reclamar limpieza completa, y se pueden tomar ciertas medidas.

"Dej[emos] ya los rudimentos de la doctrina de Cristo" (Hebreos 6:1), y avancemos desde ese punto. Se nombran seis de esas enseñanzas, todas las cuales formaban parte de las enseñanzas del judaísmo del Antiguo Testamento. Se ha señalado que un cristiano hebreo podía abandonar a Cristo sin renegar necesariamente de esas doctrinas. En esto consistía el peligro de permanecer en las etapas elementales.

Conozca mejor a Cristo quien en su capacidad de nuestro sumo sacerdote garantiza nuestro acceso a Dios, presenta nuestras oraciones ante el trono del Padre, y vive para interceder por nosotros. Este es el significado de Hebreos 5:4-7. Se revelan tres de sus actividades clementes en esta epístola.

1. Cristo puede ayudar

> Pues en cuanto él mismo padeció siendo tentado, es poderoso para socorrer a los que son tentados.
>
> Hebreos 2:18

Hay dos palabras griegas para "ayudar". Una quiere decir "venir sin ser llamado", y la otra, "venir respondiendo a una llamada de necesidad". Es consolador saber que nuestro sumo sacerdote no conoce limitaciones. A menudo estamos dispuestos a ayudar a alguien necesitado, pero no tenemos la capacidad. Nuestro Señor no sólo está dispuesto sino que también es capaz.

2. Cristo puede compadecerse

> Porque no tenemos un sumo sacerdote que no pueda compadecerse de nuestras debilidades, sino uno que fue tentado en todo según nuestra semejanza, pero sin pecado.
>
> Hebreos 4:15

La compasión es más que sólo piedad. Significa "padecer junto con" alguien, entrar en la experiencia de otro como si fuera la de uno mismo. La compasión es un concepto completamente ajeno al pensamiento griego o pagano. Los dioses griegos, cuando venían a la tierra, no se interesaban en nada más que su propio placer y satisfacción. Qué imagen más opuesta es la actitud de nuestro sumo sacerdote.

3. Cristo puede salvar completamente

> Por eso también puede salvar por completo a los que por medio de él se acercan a Dios, ya que vive siempre para interceder por ellos.
>
> Hebreos 7:25 (NVI)

Fíjese en el tiempo presente, el cual indica "una experiencia sostenida que resulta de una práctica continua". Él puede seguir salvando a los que continuamente vienen a Dios. Qué seguridad podemos tener sabiendo que no hay ningún problema personal del cual Él no tenga la solución, ningún enemigo del cual no nos pueda rescatar, ni ningún pecado — ya sea consciente o subconsciente — del cual no nos pueda librar.

Enseñe a otros

> Con el tiempo que llevan aprendiendo ya debieran ser maestros.
>
> Hebreos 5:12 (NVI)

Nuestro Señor enunció un principio inmutable: "A cualquiera que tiene, se le dará" (Mateo 13:12a). Cuanto más enseñamos y transmitimos verdad a otros, tanto más verdad comprenderemos nosotros mismos.

Podemos usar varias herramientas para enseñar: cartas, conversación personal, teléfono, radio y televisión, además de enseñanza formal en el aula o desde el púlpito.

Ejerza sus facultades espirituales

> Los que por el uso tienen los sentidos ejercitados en el discernimiento del bien y del mal.
>
> Hebreos 5:14

Se desarrollan y aumentan los dones espirituales mediante el ejercicio. Tanto Esteban como Felipe comenzaron su ministerio en el servicio social, pero conforme eran fieles en su ejercicio de ese don, Dios agregó otros. Ambos hombres llegaron a ser poderosos predicadores del evangelio.

21

IMPEDIMENTOS SATÁNICOS A LA MADUREZ

Por lo demás, hermanos míos, fortaleceos en el Señor, y en el poder de su fuerza. Vestíos de toda la armadura de Dios, para que podáis estar firmes contra las asechanzas del diablo. Porque no tenemos lucha contra sangre y carne, sino contra principados, contra potestades, contra los gobernadores de las tinieblas de este siglo, contra huestes espirituales de maldad en las regiones celestes. Por tanto, tomad toda la armadura de Dios, para que podáis resistir en el día malo, y habiendo acabado todo, estar firmes.

Efesios 6:10-13

"El buen general debe penetrar el cerebro de su enemigo." Esas palabras de Victor Hugo son igualmente pertinentes a la lucha espiritual que libra el cristiano. Como adversario nuestro, Satanás es el segundo ser más poderoso del universo, y como es implacable en su odio a Cristo y a su Iglesia, el cristiano maduro querrá descubrir la estrategia y la táctica de este enemigo. Pero es un hecho deplorable que no hay ningún aspecto de la enseñanza cristiana de la cual la mayoría de los creyentes sean más ignorantes.

Una encuesta entre miembros de la iglesia revela que los ministros rara vez predican sobre Satanás. Muchos han confesado que nunca han oído siquiera un mensaje sobre el diablo y sus actividades. Eso, por supuesto, le agrada mucho a éste, pues su incógnito es uno de sus artimañas. Sea como sea, es muy reprensible de parte de los líderes y predicadores que han sido designados guardianes de la grey. Pablo podía afirmar: "No ignoramos sus maquinaciones" (2 Corintios 2:11), pero esta afirmación no sería cierta en el caso de muchos creyentes, lamentablemente para ellos.

Cuando se designó a Lord Montgomery para mandar a las fuerzas Aliadas en el teatro de África del Norte durante la Segunda Guerra Mundial, es instructivo aprender cómo comenzó a prepararse para esa tarea monumental.

No fue a África del Norte para estudiar el terreno en el cual se libraría la batalla. En vez de eso, se dio al estudio de los antecedentes, el carácter, la formación y la actitud de su oponente, Rommel. Obedeció la primera regla de la guerra: "Conoce a tu enemigo." Si pudiera pronosticar la estrategia y la táctica de Rommel, podría tomar medidas para adelantarse a sus ataques y frustrarlos. El cristiano maduro seguirá un línea de acción similar, y así estará preparado para la lucha espiritual.[1]

Corremos el peligro de precipitarnos en ir a uno de dos extremos en cuanto a Satanás. Un extremo es hacer caso omiso del diablo y de sus obras y seguir con nuestro trabajo como si él no existiera. El otro extremo es tomarlo demasiado en serio y darle demasiada importancia. Los creyentes de la Edad Media tendían a seguir este último proceder y darle al diablo un lugar desproporcionado en su teología y predicación. Abrigaban temores malsanos, y como resultado perdieron su paz y seguridad. En la actualidad, otros van precisamente al extremo opuesto y no toman muy en serio al diablo.

El creyente no debe ni subestimar ni sobrestimar el poder de Satanás, ni debe vivir en temor de él. No hemos de ser "en nada intimidados por los que se oponen" a nosotros (Filipenses 1:28).

Pero si el diablo no nos puede hacer escépticos, intentará hacernos excesivamente conscientes de sí mismo. Tratará de hacernos ver un espíritu maligno como el actor detrás de cada enfermedad o circunstancia adversa. Los demonios reciben la culpa de pecados que la Biblia atribuye a nuestra propia naturaleza pecaminosa. Como escribe Santiago: "Cada uno es tentado, cuando *de su propia concupiscencia* es atraído y seducido"

---

[1] J. Oswald Sanders, *Satan Is No Myth* (Chicago: Moody Press, 1975), p. 71.

(Santiago 1:14, cursivas añadidas). En vez de seguir las Escrituras y considerarse muertos a ese pecado, muchas personas recurren al supuesto exorcismo de un demonio por otra persona.

Cristianismo militante

Tanto Jesús como Pablo señalaron claramente que hay un aspecto militante del cristianismo. Hay el descanso de la fe y también la lucha de la fe. La iglesia está involucrada en una guerra furiosa y sin tregua. En su primera mención documentada de su iglesia, nuestro Señor habló de ella en el contexto de conflicto con los poderes de las tinieblas:

> Sobre esta roca edificaré mi iglesia; y las puertas del Hades no prevalecerán contra ella.
>
> Mateo 16:18

Cristo vino para "deshacer las obras del diablo", y nos ha designado para estar asociados con Él en ese fin.

El aspecto militante del cristianismo no es popular en algunos círculos teológicos de punto de vista liberal, y se han hecho esfuerzos para expurgar este concepto tanto de la liturgia como de los himnos.

En el periódico *New Zealand Herald* del 18 de junio de 1982, apareció el párrafo siguiente: "La Iglesia Unificadora de Australia ha emprendido una ofensiva contra el lenguaje militarista. Aprobaron una resolución para quitar de sus himnos y oraciones todas las referencias a la guerra. Desde luego, habría que volver a escribir 'Firmes y adelante'."

Debe de haber sido muy grato para Satanás tener a la iglesia apoyándolo. No le importa cómo se logra, quiere neutralizar el ejército del Señor.

El objetivo final de Satanás no es nada menos que eliminar a Dios y usurpar su trono. Hará cualquiera cosa para anular los logros de la cruz y derrotar, o aplazar lo máximo posible, el cumplimiento del eterno propósito de Dios.

Parece que se da en el libro de Apocalipsis una causa creíble de la intensificación de la guerra, la delincuencia y la violencia que abundan:

> Ahora ha venido la salvación, el poder, y el reino de

nuestro Dios, y la autoridad de su Cristo; porque ha sido lanzado fuera el acusador de nuestros hermanos, el que los acusaba delante de nuestro Dios día y noche. Y ellos le han vencido por medio de la sangre del Cordero y de la palabra del testimonio de ellos, y menospreciaron sus vidas hasta la muerte. Por lo cual alegraos, cielos, y los que moráis en ellos. ¡Ay de los moradores de la tierra y del mar! porque el diablo ha descendido a vosotros *con gran ira*, sabiendo que tiene poco tiempo.

Apocalipsis 12:10-12, cursivas añadidas

Podemos esperar que conforme la obra de Dios prospera, mientras se acerca el día de la segunda venida, los ataques de Satanás serán más sutiles y virulentos. Su furia aumentará con el acortamiento del tiempo.

Los nombres revelan el carácter

En su sabiduría, Dios ha escogido revelarse en gran parte mediante los nombres atribuidos a Él en las Sagradas Escrituras. En un libro titulado *The Wonderful Names of our Wonderful Lord* [Los maravillosos nombres de nuestro maravilloso Señor], T. C. Horton da una lista de no menos de trescientos sesenta y cinco nombres y títulos de Dios. Cada uno de éstos arroja una luz diferente en aspectos del carácter y la obra divinos.

No es sorprendente, por lo tanto, que lo mismo sea cierto en el caso del diablo. Se le describe con diecisiete nombres diferentes en la Biblia, varios de los cuales consideraremos.

Satanás quiere decir "adversario, opositor". Esto describe su actividad con relación a Dios, Cristo y la iglesia. Satanás es antagónico a todo lo que es superior y mejor. Si Dios está a favor de algo, Satanás se le opone. Por lo tanto, se opone a todo lo que sea para el provecho de la iglesia. Se opone a cada movimiento hacia adelante que amenace su propio reino.

Diablo quiere decir "calumniador, difamador, acusador". En este papel Satanás está detrás de la agitación y la revolución social, política y religiosa. Las mentiras y las campañas denigratorias son parte de su repertorio.

El diablo calumnió a Dios ante Adán en Edén (véase Géne-

Impedimentos satánicos a la madurez 179

sis 3:4-5). Calumnió a Job ante Dios (véase Job 1:9-11). Si puede inducir a los creyentes a calumniar o difamar unos a otros, ha logrado una victoria significativa, pues como diablo, su táctica es trastornar y dividir la iglesia de Dios.

Beelzebú quiere decir "señor de las moscas", y como tal, se le ha llamado a Satanás el genio que preside la corrupción. Corrompe y contamina todo lo que toca.

Contamina la vida social mediante la bebida, las drogas y el libertinaje. Corrompe la vida personal mediante la intriga, el soborno y la insinceridad. Corrompe la vida religiosa mediante el humanismo, el materialismo y el sincretismo (o transigencia).

Como "*la serpiente antigua*" (Apocalipsis 12:9), Lutero dijo de él:

> Por armas deja ver
> astucia y gran poder;
> cual él no hay en la tierra.

La sabiduría del cual fue dotado antes de su caída degeneró en astucia perniciosa. Trabaja clandestinamente, pero cuando le conviene, aparece como "ángel de luz". Su táctica es engañar y embaucar.

Como "*el gran dragón*" aparece en Apocalipsis 12:3-8. Se empleaba el título en el pasado al hablar de cualquier gran monstruo de la tierra o el mar. Para los griegos el dragón fue una criatura mítica y fabulosa, feroz y aterradora. Se suponía que poseía un poder espantoso y maligno: una descripción adecuada de nuestro adversario.

Otros nombres y títulos son Abadón, Apolión, homicida, mentiroso, tentador, el malo, león rugiente, príncipe de este mundo, dios de este siglo, acusador de nuestros hermanos, príncipe de la potestad del aire.

Arrojada esta luz sobre el carácter y las actividades de Satanás, el guerrero cristiano no ha de ser sorprendido. Este conocimiento debiera ayudar al creyente a penetrar el cerebro del enemigo; hombre precavido vale por dos.

Estrategia y táctica

El incógnito de Satanás es una de sus armas más útiles. Le da aliento cuando teólogos eminentes ponen en duda su existencia misma. Le alegra cuando el mundo se ríe de las caricaturas dibujadas por Dante y Milton en su poesía. Se siente contento cuando lo retratan con cuerno y casco, pues en esencia es un farseante que se esconde detrás de máscaras que difieren dependiendo de la ocasión.

En la cruz nuestro victorioso Señor le arrancó la máscara y reveló la verdadera naturaleza diabólica del Enemigo. Allí "despojando a los principados y a las potestades, los exhibió públicamente, triunfando sobre ellos en la cruz" (Colosenses 2:15).

Ruth Paxson señaló que el diablo emplea dos tácticas principales en sus papeles de destructor y engañador.

Como el *destructor* Satanás estropea el gobierno civil incitando a la gente al desorden, la violencia y la guerra. Cada periódico publica sus éxitos en esta esfera. Se infiltra en la sociedad y la destruye mediante alcohol, drogas y juegos de azar. Insinúa sus agentes en la iglesia y la destruye mediante la apostasía y las antiguas herejías que están apareciendo como nuevas sectas. Detrás de todas estas actividades está la mente directora del diablo.

Como el *engañador* Satanás usa su astucia para engañar "aun a los escogidos". Agustín lo llamó *simius dei,* el simio de Dios, el imitador de Dios.

El nombre es apropiado porque Satanás ha establecido su propio sistema de religión falsificada en imitación del cristianismo. Tiene su propia *trinidad*: el diablo, la bestia y el falso profeta (véase Apocalipsis 16:13); su propia *iglesia*: una "sinagoga de Satanás" (véase Apocalipsis 2:9); su propio sistema de *teología*: "doctrinas de demonios" (véase 1 Timoteo 4:1); sus propios *ministros*: ministros de Satanás (véase 2 Corintios 11:14-15); su propio *sistema de sacrificios*: "lo que los gentiles sacrifican, a los demonios lo sacrifican" (véase 1 Corintios 10:20); su propio *culto de comunión*: "la copa de los demonios . . . la mesa de los demonios" (véase 1 Corintios 10:21); su propio *evangelio*: "un evangelio diferente, que en realidad no es evangelio" (véase Gálatas 1:6b-7a, NVI); su propio *trono* y sus propios *adoradores* (véase Apocalipsis 13:2,4).

Satanás ha elaborado así un sistema religioso completo que es una imitación del cristianismo. En su papel como imitador de Dios, inspira a *falsos cristos,* mesías autoconstituidos (véase Mateo 24:4-5). Usa a *falsos maestros* que se especializan en su "teología", y traen "herejías destructoras, y aun negarán al Señor que los rescató" (2 Pedro 2:1). Estos maestros son expertos en mezclar verdad y error en tales proporciones que hacen aceptable el error.

El diablo envía *falsos profetas,* de acuerdo con la profecía del Señor: "Y muchos falsos profetas se levantarán, y engañarán a muchos" (Mateo 24:11). Introduce *falsos hermanos* en la iglesia. "Algunos falsos hermanos se habían infiltrado en nuestras filas para espiar la libertad que tenemos en Cristo Jesús y esclavizarnos" (Gálatas 2:4, NVI). Auspicia a *falsos apóstoles* que imitan a los verdaderos. "Éstos son falsos apóstoles . . . que se disfrazan como apóstoles de Cristo" (2 Corintios 11:13).

La vulnerabilidad de Satanás

Una firme creencia en la vulnerabilidad de Satanás es una de las armas más fuertes en el arsenal del cristiano. El destacar el poder de Satanás sin tomar en cuenta la victoria de Cristo sobre él en Calvario es como hablar de las guerras napoleónicas sin mencionar la decisiva batalla de Waterloo.

Aunque Satanás es el segundo ser más poderoso del universo, *no es omnipotente.* No posee poder alguno independiente de Dios. Tiene un sistema de comunicaciones maravillosamente eficaz mediante sus demonios, pero *no es omnipresente.* Posee gran sutileza y astucia, pero *no es omnisciente.* Tiene que recoger su información de la misma manera que lo hacemos nosotros. No puede con nuestro omnipotente, omnisciente y omnipresente Señor.

Se le ha llamado a Santiago 4:7 el versículo más increíble de la Biblia: "Someteos, pues, a Dios; *resistid al diablo, y huirá de vosotros*" (cursivas añadidas). Parece increíble que este ser poderoso y maligno que controla a las legiones del infierno, que podía ofrecer los reinos del mundo a Cristo, huya delante del creyente más débil que lo resista basado en la victoria de la cruz. ¡Pero es gloriosamente cierto! Podemos entrar en toda batalla moral y espiritual con la seguridad por adelantado de victoria completa.

Así que podemos decir que el poder de Satanás, aunque grande, no es inherente, sino delegado. No es ilimitado, sino que está controlado (véase Job 1:12; 2:6). No es invencible, sino que está roto (véase Lucas 11:21-22). No es triunfante, sino que está destinado a fracasar (véase Apocalipsis 20:10). El creyente puede dar un grito de triunfo:

> Cristo es más fuerte que Satanás y el pecado;
> Satanás debe ceder ante Cristo.
> Por lo tanto, triunfo por fuera y por dentro.
> ¡Cristo me salva ahora!
>
> A. C. D.

También es cierto que cualquier expectativa que tengan los cristianos de ser vencedores en la lucha con Satanás debe estar basada fuera de sí mismos. Los creyentes no tienen ningún recurso espiritual del cual depender para hacerlos capaces de encontrar y derrotar a su astuto y experimentado enemigo.

> Luchar aquí sin el Señor,
> cuán vano hubiera sido.
> Mas por nosotros pugnará
> de Dios el Escogido.
> ¿Sabéis quién es? Jesús,
> el que venció en la cruz;
> Señor de Sabaoth,
> omnipotente Dios,
> él triunfará en la batalla.
>
> Martín Lutero

La única esperanza del creyente es asirse de la victoria que Cristo ganó sobre Satanás, en primer lugar en el desierto y por fin en la cruz (véase 1 Juan 3:8; Colosenses 2:15; Lucas 11:18-19). Estos y muchos otros versículos dan fe de la pasmosa derrota que sufrió Satanás en la cruz.

Desde el Calvario, "el acusador de nuestros hermanos" (Apocalipsis 12:10) no tiene poder ni derecho de acusar al creyente de pecado delante del trono de Dios. Desde entonces el cacareado poder del usurpador es sólo apariencia vacía. Nos quedamos bajo su poder o porque no conocemos la autoridad que Dios nos ha delegado, o no la ejercitamos sobre este enemigo vencido.

> Oigo rugir al Acusador
> por males que he cometido;
> los conozco todos y millares más,
> pero Jehová no encuentra ninguno.
>
> Isaac Watts

22

EL PODER PARA LA MADUREZ

En lo que requiere diligencia, no perezosos; fervientes en espíritu, sirviendo al Señor.

Romanos 12:11

Nunca dejen de ser diligentes, sino mantengan su fervor espiritual, sirviendo al Señor.

Romanos 12:11 (NVI)

Esfuércense, no sean perezosos y sirvan al Señor con corazón ferviente.

Romanos 12:11 (Versión Popular)

Cada una de las traducciones anteriores comunica la idea del celo y fervor vivos que deben caracterizar al cristiano maduro. En su traducción del versículo, el Arzobispo Harrington C. Lees introdujo la idea de que en la cláusula central es el Espíritu Santo a quien se refiere más bien que el espíritu humano. Su versión es: "mantenidos al punto de ebullición por el Espíritu Santo, sirviendo al Maestro." La sugerencia es oportuna, pues el verbo empleado significa "burbujear o hervir". Sólo el Espíritu Santo que habita y obra en nosotros puede hacer que se sostenga nuestro celo y resplandezca nuestro espíritu.

Se tiene en cuenta una actividad triple en este versículo. En primer lugar, el creyente debe ser diligente. Si vamos a lograr madurez, no hay lugar para pereza o echarse atrás. El dote del Espíritu es la fuente de celo y diligencia en la obra del reino. En segundo lugar, un horno central arde en las profundidades del espíritu humano para mantener ese celo al punto de ebullición a pesar de todas las influencias enfriadoras del mundo inhóspito que nos rodea. En tercer lugar, el creyente es un esclavo de buena gana, "sirviendo al Maestro".

Aunque el cristiano tiene el privilegio de disfrutar del "reposo de fe", eso no significa necesariamente reposo del cuerpo. Si uno sigue los viajes del apóstol Pablo, le asombrará la intensa actividad que implicaba para él su celo. No había vaguedad o pereza en su servicio. La traducción de Lutero de Romanos 12:11 destaca este aspecto: "Con relación a celo no sean perezosos" Él sabía que el celo y la pereza nunca podrían convivir. Sólo cuando hayamos hecho bien dirá el Señor: "¡Hiciste bien!"

Cuando con un látigo alzado Jesús expulsó del templo a los mercaderes rapaces y sacerdotes y cambistas mercenarios, los discípulos quedaron pasmados ante el cambio en el Maestro. Nunca antes lo habían visto con indignación tan ardiente. La ocasión de su ira fue la profanación de la casa de su Padre, la cual se pretendía que fuera una casa de oración para todas las naciones. Los sacerdotes y mercaderes lo habían convertido en una cocina de ladrones.

"¡Saquen esas cosas de aquí! — rugió Cristo —. ¿Cómo se atreven a convertir la casa de mi Padre en un mercado!" (véase Marcos 11:17).

Los discípulos no sabían cómo explicarse ese enojo fogoso, hasta que recordaron una profecía del Antiguo Testamento: "Se acordaron sus discípulos que está escrito: El celo de tu casa me consume" (Juan 2:17). Con el ejemplo de Cristo delante de nosotros, se nos exhorta: "Nunca dejen de ser diligentes, sino mantengan su fervor espiritual, sirviendo al Señor."

La última cláusula: "sirviendo al Señor", sugiere la motivación: "sirviendo al Maestro". Estas palabras son descriptivas y se toman de Éxodo 21:2-6.

Cuando un israelita era vendido en cautiverio por deuda o alguna otra causa, su amo podía obligarlo a servir sólo seis años; entonces debía libertar al esclavo. Sin embargo, si el esclavo consideraba que los beneficios de servir a un amo bondadoso pesaban más que las dulzuras de la libertad, podía elegir quedarse en el servicio de su amo. En tal caso se celebraba una ceremonia, y se le horadaba la oreja como sello permanente de la transacción, una señal de que había elegido quedarse siervo toda la vida.

Ahora su servidumbre era de otra clase. Estaba obligado y sin embargo libre porque ahora servía a su amo por amor, no por deber o coacción. Las palabras que pronunciaba en la ceremonia daban la razón de su elección: "Yo amo a mi señor . . . no saldré libre." Es en el mismo espíritu que el cristiano maduro sirve a su Señor.

El horno central

La cláusula central del texto sugiere el horno central: "mantenidos al punto de ebullición por el Espíritu Santo". No es muy difícil llegar al "punto de ebullición" en la experiencia cristiana cuando el Señor se acerca de manera especial, o cuando uno está en una reunión donde el Espíritu está obrando manifiestamente en poder; pero es otra cosa completamente quedarse allí. Es con el alma de la misma manera que es con el cuerpo: la tendencia es siempre emitir calor, no generar más calor. Sólo por medio de la obra del Espíritu Santo se puede invertir esta tendencia.

Cuando mi hijo era niño, visitamos uno de los lagos hirvientes en las regiones térmicas de Nueva Zelanda. El guía le dijo al niño que tirara una paletada de arena en el lago humeante. Cuando lo hizo, de inmediato el agua comenzó a borbotar y hervir y no dio señales de disminuir. Cuando le pedimos una explicación del fenómeno, el guía dijo que era muy sencilla.

El agua del lago era muy ácida, y la arena era de hierro. Lo que observábamos fue simplemente el resultado de la acción química del ácido sobre la arena de hierro en lo más hondo del lago. Dijo que la perturbación seguiría por veinticuatro horas, hasta que se hubiera consumido todo el hierro.

En ese incidente vi una ilustración del secreto del celo ferviente del Señor Jesucristo. El Espíritu Santo, obrando en lo más hondo de su espíritu, no contristado por pecado, le daba el poder para sostener el resplandor santo y permanecer constantemente al punto de ebullición. Del mismo modo que el ácido consumía el hierro, el celo por la gloria de Dios consumía a su Hijo.

En su alegoría inmortal *El progreso del peregrino*, Juan Bunyan representa a Cristiano visitando la casa de Intérprete.

Mientras Cristiano se acercaba, vio un fuego en el hogar, y un hombre que le echaba agua. Quedó perplejo al observar que en vez de apagar las llamas, éstas sólo parecían saltar más alto. Pero cuando fue al otro lado del fuego, descubrió la explicación. ¡Allí vio a otro hombre que echaba aceite en el fuego!

La ilustración de Bunyan tiene su equivalente en la experiencia cristiana. En nuestro esfuerzo por alcanzar la madurez espiritual, hay muchas personas, influencias y circunstancias que quieren apagar nuestro celo y entusiasmo por Dios y su obra. En la incesante actividad del Espíritu Santo en nuestro corazón, tenemos la panacea divina.

El Espíritu Santo constantemente echa el aceite que más que contrarresta los efectos del agua. En realidad, vuelve el agua en vapor que genera nuevo poder para mantener una vida que resplandece por Dios. Es Él quien motiva y sostiene nuestro servicio al Maestro.

Recursos ilimitados

Pocos aprovechan al máximo los recursos ilimitados que están disponibles al cristiano en el ministerio del Espíritu Santo. Cristo nos presenta con lo que se pudiera llamar una carta blanca para las ricas bendiciones espirituales que son nuestras en Él. "Pues si vosotros, siendo malos, sabéis dar buenas dádivas a vuestros hijos, *¿cuánto más* vuestro Padre celestial dará el Espíritu Santo a los que se lo pidan?" (Lucas 11:13, cursivas añadidas). Estas bendiciones se vuelven nuestras en la práctica sólo mediante la apropiación de fe.

A primera vista el pasaje presenta un problema muy real. Es la enseñanza bíblica de que el Espíritu Santo habita en cada creyente genuino. Se puso eso en claro en Romanos 8:9: "Si alguno no tiene el Espíritu de Cristo, no es de él." Este versículo no deja ninguna duda.

Pero si cada creyente ya tiene el Espíritu, ¿qué objeto tiene el pedir lo que uno ya tiene? Considerado desde este punto de vista, Lucas 11:13 parece ser superfluo. Sin embargo, uno no espera que las palabras de Cristo sean superfluas.

Hay una explicación satisfactoria que descubre un rico filón de verdad. En el Nuevo Testamento en español, la frase "el

El poder para la madurez 189

Espíritu Santo" aparece más de ochenta veces, y casi siempre con el artículo definido. En el Nuevo Testamento griego, sin embargo, el artículo definido ocurre en sólo cincuenta y cuatro casos, mientras que en treinta y cuatro ocasiones es simplemente "Espíritu Santo", sin el artículo definido. Lucas 11:13 es uno de esos últimos casos. ¿Cuál es el significado del uso diferente?

El doctor H. B. Swete ha señalado que en el griego, donde se emplea el artículo definido — "el Espíritu Santo" — se refiere al Espíritu Santo como persona. Pero donde no hay un artículo definido — sólo "Espíritu Santo" — se refiere no a Él como persona, sino a sus actividades y manifestaciones.

Cuando en el día de Pentecostés se describe a los discípulos como "llenos del Espíritu Santo", se omite el artículo definido. La referencia en ese pasaje es a las actividades del Espíritu Santo que acompañaron y siguieron al don del Espíritu Santo como persona que habitaba dentro de ellos.

Aquí está una verdad vigorizadora y estimuladora, la cual abre grandes posibilidades al creyente. Lo que el pasaje parece indicar se puede expresar de esta manera: "Pues si vosotros, siendo malos, sabéis dar buenas dádivas a vuestros hijos, ¿cuánto más vuestro Padre celestial dará [la actividad de] el Espíritu Santo [que es necesario para hacer posible una vida piadosa y un ministerio eficaz] a los que se lo pidan?" El versículo, lejos de ser superfluo, expresa una promesa abierta que sólo espera nuestra apropiación.

¿Cuál, pues, es la actividad del Espíritu que se necesita para producir la madurez espiritual y preparar para servicio eficaz? "*¿Cuánto más* su Padre celestial" impartirá esa actividad cuando usted se lo pida?

¿Carece *del amor*? Pídaselo al Padre. Romanos 5:5 nos asegura que "el amor de Dios ha sido derramado en nuestros corazones por el Espíritu Santo que nos fue dado." ¡Reclámelo!

¿Es *gozo*? El gozo en el Espíritu Santo está disponible. ¡Reclámelo!

¿Es *poder* para servicio eficaz? El Maestro prometió: "Recibiréis poder, cuando haya venido sobre vosotros el Espíritu Santo" (Hechos 1:8). ¡Pídalo y reclámelo!

¿Es *la pureza personal* el problema? Como el Espíritu de

santidad, Él imparte pureza. ¡Pídasela al Padre y crea que cumple su Palabra!

¿Son las *palabras* para presentar la verdad de manera eficaz? En el día de Pentecostés los discípulos hablaron "según el Espíritu les daba que hablasen" (Hechos 2:4). ¡Pídalas y reclámelas!

¿Es *sabiduría* al tomar decisiones y resolver problemas? Como el Espíritu de sabiduría (véase Isaías 11:2), cumplirá la promesa: "Si alguno de vosotros tiene falta de sabiduría, pídala a Dios, el cual da a todos abundantemente y sin reproche, y le será dada" (Santiago 1:5). ¡Pídala y reclámela!

¿Es *paciencia*? Como el fruto del Espíritu es paciencia (véase Gálatas 5:22), ¡pídala y reclámela!

Esas son sólo algunas de las actividades del Espíritu que están dentro del alcance de este maravilloso versículo. El lector puede compilar su propia lista. Demos todo el peso a las palabras de seguridad del Señor: "*¿cuánto más?*" Nuestro Padre celestial actuará de manera aún más generosa que el padre terrenal más bondadoso. ¿Por qué no confiamos en Él de modo más implícito y osado?

Se debe notar que se promete estas actividades del Espíritu sólo "a los que se lo pidan". Dejamos de experimentarlas por razones dadas por Santiago: "No tenéis lo que deseáis, porque no pedís" (Santiago 4:2). No hay duda de la buena voluntad del Padre de impartir. El problema está en nuestro dejar de recibir. Dios no puede ser tanto dador como recibidor.

Santiago sugiere otra razón por la que esta promesa pudiera aprovechar poco para nosotros. El creyente pudiera pedir alguna actividad del Espíritu: "pero pida con fe, no dudando nada; porque el que duda... no piense, pues... que recibirá cosa alguna del Señor" (Santiago 1:6-7).

Así que el poder para la madurez es el Espíritu Santo mismo, obrando sin impedimento en el creyente que ha dedicado su vida al control del Espíritu.

> Si nuestra fe sólo fuera más sencilla,
> aceptaríamos lo que Él dice,
> y nuestra vida sería luz del sol
> en la dulzura del Señor.
>
> F. W. Faber